1・2 水難供養塔と大はかや(松江市)、3 道標(出雲市)、4 絵馬(櫛代賀姫命神社)、5 水難地蔵菩薩像(正定寺)、6 宍道湖風景

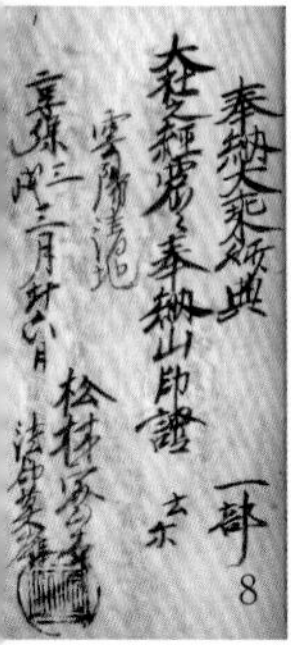
8

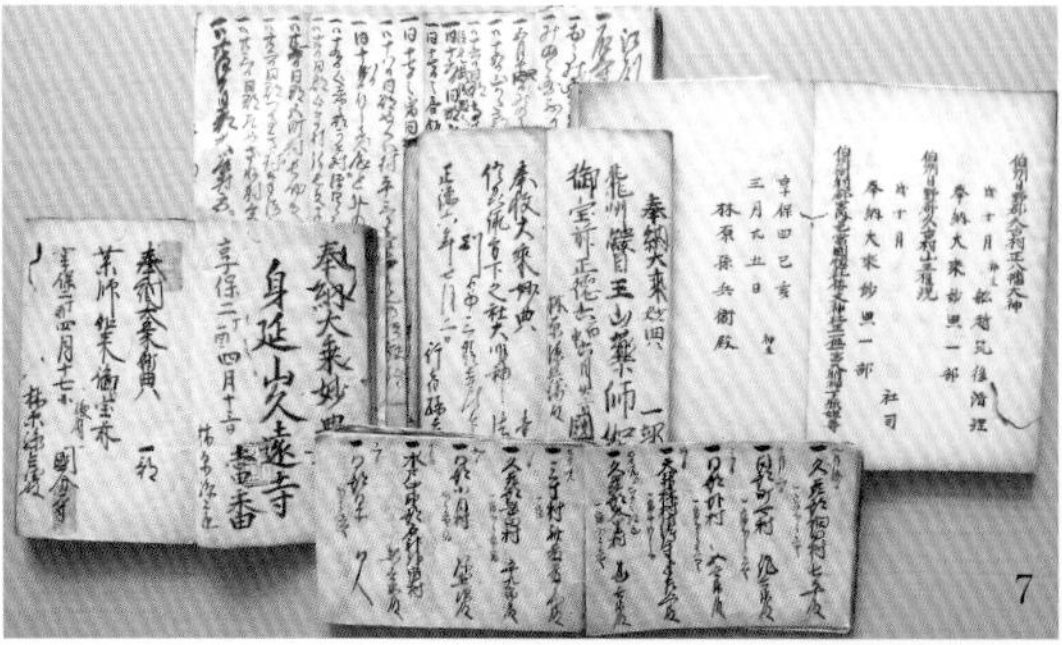
7

六十六部廻国資料（米子市立図書館）、
大社松林寺請取状（同納経帳から）、
廻国供養塔（松江市）、10・11 同（雲
市）、12 南八幡宮六角堂（鉄塔、大田
、13 施宿供養塔（潮音寺）

9

12

13

11

10

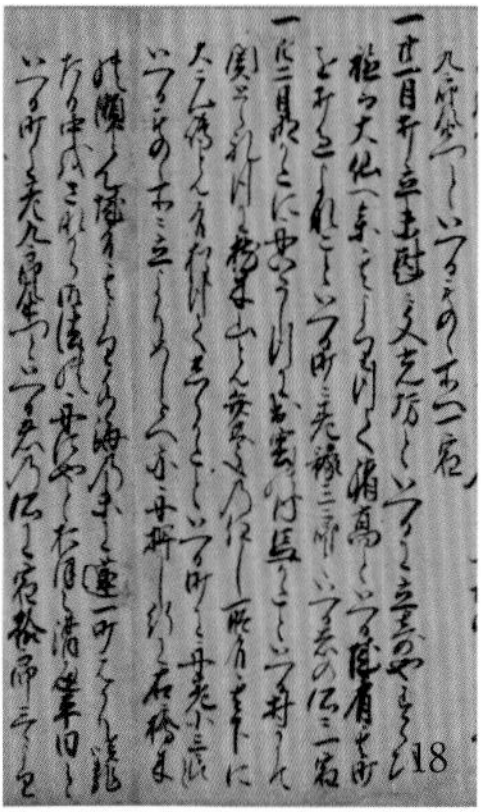

14 枕木山近景（松江市）、15 弁慶の森（同）、16 弁慶島（同）、17 弁慶モニュメント（同）、18 島津家久御上京日記（東京大学史料編纂所）、19 弁慶画像（鰐淵寺）、20 枕木山から眼下をみる（左側の小さな突起が弁慶島、中央は大根島）

21 神魂神社本殿（松江市）、22 日御碕神社（出雲市）、23 佐太神社本殿（松江市）、24 杵築大社近郷絵図（北島建孝）、25 出雲大社御本社図（東京国立博物館）、26・27 出雲大社本殿（出雲市）

28 雲並神社本殿（雲南市）、29・30 妙法寺三十番神堂（雲南市）、31 高野寺遠望（平田船川河口付近から）、32 高野寺大般若経（出雲市）、33 同経櫃（同）

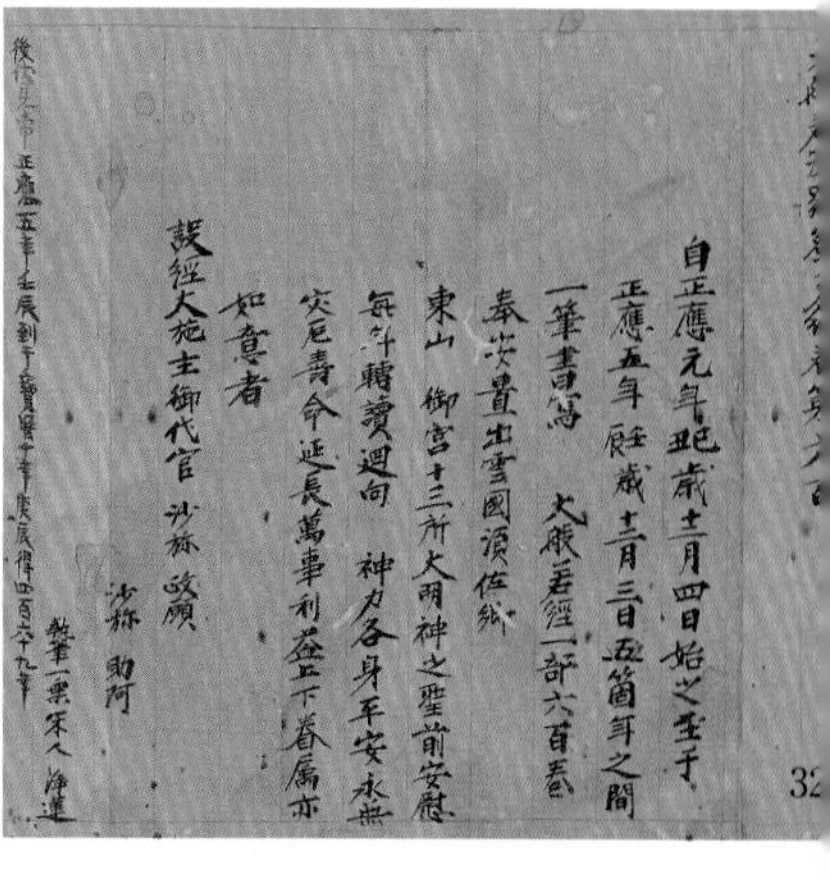

自正應元年己巳歳十二月四日始之至于
正應五年壬辰歳十二月三日五箇年之間
一筆書寫　大般若經一部六百巻
奉安置出雲國須佐鄕
東山　御宮十三所大明神之寶前安慰
每年轉讀廻向　神力各身平安永無
災厄壽命延長萬事利益上下眷屬亦
如意者
設經大施主御代官　沙弥　政願
沙弥　助阿
執筆一栗栄人　淨蓮
後代奉書　正應五年壬辰到于寶暦十年庚辰得四百六十九年

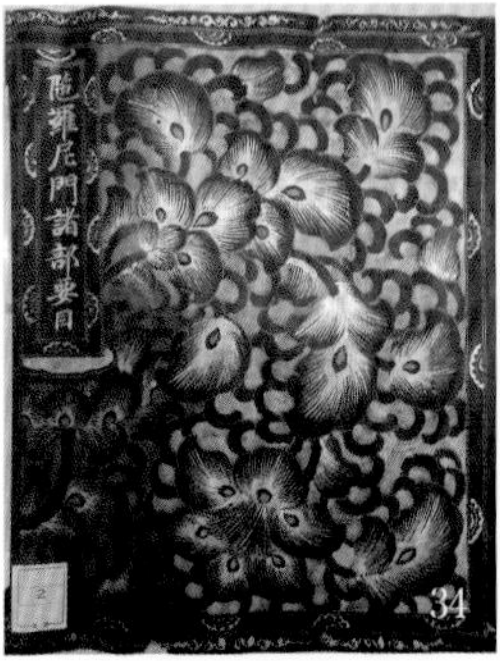

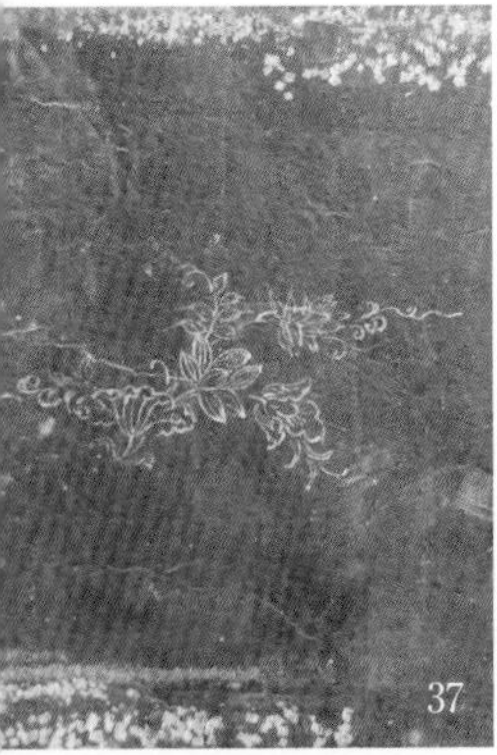

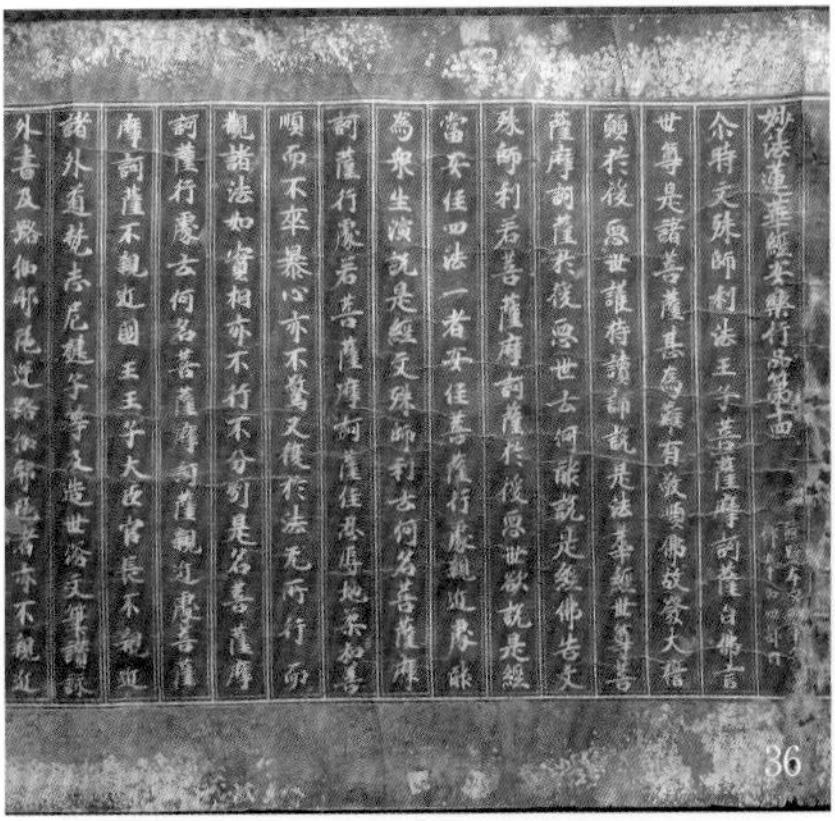

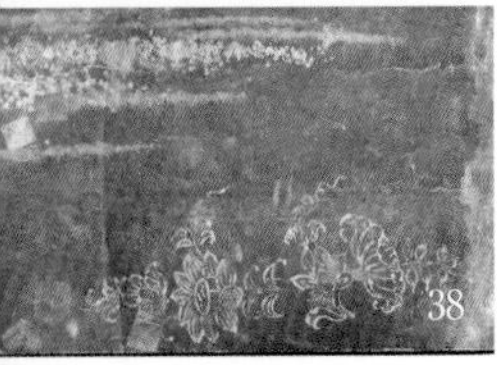

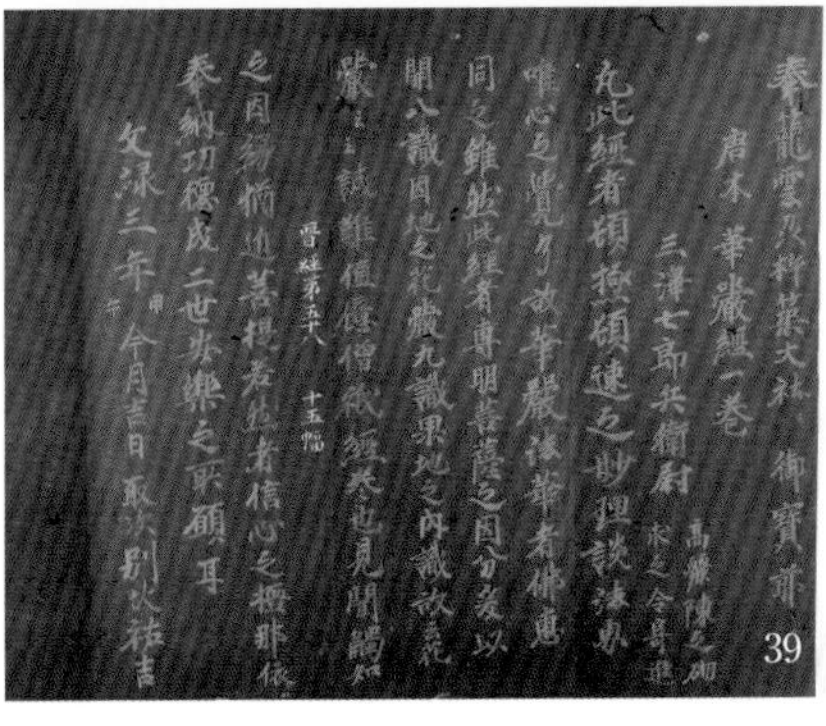

4・35 陀羅尼門諸部要目
島根県立古代出雲歴史博物
館)、36～38 妙法蓮華経（右
田泰夫)、39 大方広仏華厳経
鰐淵寺）

歴史の風景を読む

―島根の歴史と文化の一端に触れる―

鳥谷芳雄
Yoshio Toya

松江文庫　12

伊勢参りや一畑寺参詣が知られる湖岸の水難供養塔、一風変わった巡礼スタイルを伝える六十六部廻国塔、地誌などの史料からみた出雲地方の豊かな弁慶伝説、組物や装飾を特色とする近世出雲大社の本殿設計図、神仏分離が契機となり神社を離れた中世の大般若経。

どちらかというとあまり関心がもたれず、ともすれば見過ごされがちな資料やことがらである。あるいは当たり前すぎて以前からずっと変わらぬ風景に思われているのかもしれない。しかし、これらからでも島根の豊かな歴史・文化の一端に触れることができる。どのような歴史が読み取れるのか、またどのような風景がひろがるのかみていきたい。

目次

一、庶民信仰のある風景

40　かつて一畑薬師参詣の乗客船で賑わった小境灘。文化11年に宍道沖で多くの犠牲者がでた船の乗客は、一畑寺参詣をめざす雲南地域の人々だった

1　湖水がひろがる出雲　中近世の旅日記から

一六世紀後半の天正年間（一五七三～九二）、二人の武将が旅の途中で出雲国を訪れた記録がある。島津家久《しまづいえひさ》の「中務大輔《なかつかさたゆう》家久公御上京日記」と、幽斎玄旨《ゆうさいげんし》こと細川藤孝《ふじたか》の「九州道の記」である。早速二人がそこでどんなふうに記したかみてみたい。

まず島津家久（一五四七～八七）、出雲は天正三年（一五七五）六月である。二一日、大仙《だいせん》に参詣し緒高《おだか》の町を経由して米子《よなご》の町で一宿。二二日の明け方、米子から出船、出雲国の馬《ま》かた（潟）の村で関《せき》料をとられて行くと、弁慶が住したという枕木《まくらぎ》山、その下には大こん（根）島がみえた。なお行くと、しりかた（白潟）という町に着舟、飯をたべ、また舟で行けば、右手に檜木《ひのき》の瀬という城がある。それより水海の端には蓮花が一町ばかり咲き乱れていた。中を漕《こ》ぎ行くのはさながら御法《みのり》の舟をおぼえるようである。その日、平田の町で宿。二三日は杵築《きづき》の大社に参詣し、大渡《おおわたり》（大川河口付近）で渡り賃をとられ、さらに崎日（田儀《たぎ》？）の町で一宿。二四日はしまつ（島津）屋の関を安く通過し、はね（波根）の町、梁瀬《やなせ》の宿、大田の村を過ぎ、石見のかね（銀）山へと向かった。

次に細川藤孝(一五三四～一六一〇)、出雲は天正一五年(一五八七)四月である。二六日、伯耆国の御来屋《みくりや》から舟を出し、出雲国の仁《に(美)》保《ほ》の関に上がり見物、それから磯伝いを行き、にしき《(錦)》の浦というところでしばし舟を止めて一首。その後、近くのかが《(加賀)》というところで魚人の家に泊まる。一首。二七日は風雨のため、舟人が加賀からは出船なりがたいという。かといって徒《いたずら》に過ごすのも物憂《ものう》いので、杵築宮《きづきのみや》(出雲大社)見物に徒歩で向かう。三里ほど行くと、木深く佇《たたず》まう社があるのをみて、社人に尋ねると佐陀《さだ》の大社だという。(一宿。)二八日は、佐陀を出発して秋鹿《あいか》から小舟に乗り湖水に出、平田まで行った。生浦(不明)で一首。その日は夕暮れにかかり杵築の社まで行った。

家久は上洛と伊勢参宮を果たした帰路、当地を訪れ

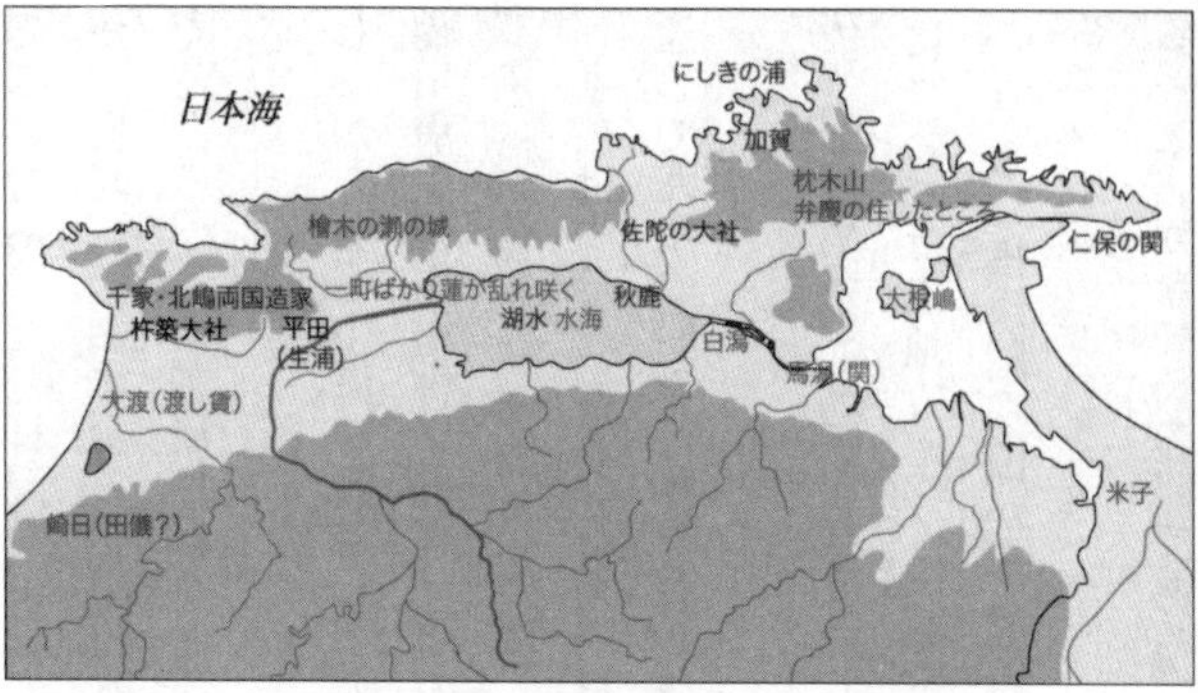

41 島津家久と細川幽斎の両日記にみる地名等
(薄字が家久、濃字が幽斎の行程を表わす)

た。幽斎は羽柴《はしば》秀吉の九州攻めに伴い、九州に向かう途中のことであった。日記からは、二人とも当地の主な旅の目的が杵築大社参詣であったとわかるが、同時にそこに至るまでのルートや当時の交通事情などがうかがえる。水海を行き河川をわたるとき、舟が利用され、ところどころで関料や渡り賃が取られていた。

もう一度、家久の場合で確認すると、米子から舟を利用しながらまず中海《なかうみ》を西進し、大橋川を抜けて宍道《しんじ》湖に入り、平田まで向かった。途中、関が大橋川沿いの馬潟村にあり、その後大社から田儀方面に向かう大渡では渡り賃を、さらに石見国との境の島津屋で関料をとられた。また、内水面交通から離れるが、外海に目を転じてみると、家久はつづく旅先の石見国銀山《かなやま》や温泉津《ゆのつ》で薩摩《さつま》の商人らと合流もしている。日本海ルートを通じて九州の船の行き来があったことも知られる。

ところで、日記には彼らが当地で目にした景色や気にかかった点なども記されていて面白い。家久は点々と在町があることや城の所在に触れた。城については当地で桧ノ山《ひのきのやま》城(出雲市平田町)を、伯耆国では汗入《あせり》郡八橋《やばせ》や相見《あいみ》郡尾高の城を記し、さらに摂津《せっつ》国吹田《すいた》から尼崎《あまがさき》までのところでは「行〳〵城あまた有」といった表現がみられる。

また、中海側で興味深いのが、枕木山が弁慶の住したところと書かれている点である。伝説的であるが、当時弁慶は文武に優れた魅力的な人物として関心が持たれていたと考えられる。枕木山《まくらぎ》はそのゆかりの地であって、ふと書き添えたと推察する。ほぼ同じころ、毛利輝元が出雲国鰐淵寺《がくえん》伝来の弁慶ゆかりの文書に興味を示した事実があるが、双方には相通ずるものがあろう(→三－4)。

さらに宍道湖北辺における景観として、平田付近で蓮《はす》の花が乱れ咲く様子を記したところがある。家久にとってそれは、戦乱の世に生きる武将として特に心象に残る風景であり、御法の舟とまでいわしめたのであろう。

二人の日記はそれぞれで趣《おもむき》が異なってもいる。幽斎は行く先々で和歌を詠じながらつづっている。幽斎の旅は秀吉の九州征伐《せいばつ》に伴ったものとはいえ、剃髪《ていはつ》後に後追いで向かったものであり、秀吉への陣中《じんちゅう》見舞い程度の旅であったともされる。ゆったりとした旅日記であり、当代切っての歌人、文化人である幽斎ならではの味わいがある。

こうした記録をみていくと、いわば外部から来た人の印象や関心のもちようから、残るべくして残った記事であるように思われる。もし彼らの記録が無ければ、あたり前すぎる日常の風景は記録されることもなかったかもしれない。

最後に、もう一つ別の訪問者の史料を紹介してみたい。先の日記からは二〇〇年以上の

42　豊かな水面をたたえる宍道湖

ちである。江戸後期の儒学《じゅがく》者、漢詩人で広島藩儒《はんじゅ》を務めた頼杏坪《らいきょうへい》（一七五六～一八三四、頼山陽《さんよう》の叔父《おじ》）に、「しほゆあみの記」という日記がある。文政三年（一八二〇）四月、出雲国松江府に至るときの記事である。

初て湖を見る、思ひしよりも大なるに驚く、先見渡さるゝけしき《(景色)》いみしう面白く、いはんかたなし、・・（中略）・・、湖をやゝ西に漕《こ》き出てゝ見れは、東に伯耆の大山、西に石見の三瓶山をむねとして引めくらひたる山々の水にうつれる《(映)》に、松江の城木の間にさし、出漁舟の乱れちりて浮ひたるさま、たくみ《(巧)》なる画もゑやは及ふへき

杏坪は山陽側から山越えをして出雲国に入った。山間部の仁多《にた》、大《だい》東《とう》方面から玉造《たまづくり》を抜けてである。宍道湖を目の当たりにしたときの感想や、松江城下に泊まり当地の友人と一緒に宍道湖に船を出したときの景色を書いた。当地に来てはじめて目にする湖面の広さに加え、そこに映る背景の山々、散り散りに乱れて漁をする漁民の日常など、巧みな絵にも勝るほどの景観がここにあると、新鮮な驚きと感銘を

もって表現している。

〈参考文献〉

・村井祐樹「東京大学史料編纂所所蔵『中務大輔家久公御上京日記』」『東京大学史料編纂所研究紀要』一六、二〇〇六
・荒木尚「熊本大学附属図書館寄託永青文庫の貴重書（四）細川幽斎『九州道の記』一巻」『熊本大学附属図書館報』一六、一九九七
・藤澤秀晴『歴史の中の旅人たち—山陰の街道を往く—』山陰中央新報社、一九八一

2　ある道しるべと水難供養塔

出雲市内に住んでいます。近くの道端にある石に「右　みとや、左　松江・いせ」とありますが、いせはお伊勢《いせ》さんのことですか。どうしてこの名が刻まれているのですか。また、似たような例がありますか。

一般の方から問い合わせいただいた。左の方向に進めば、松江や伊勢に至る。江戸時代に設置されたと推定される道しるべである（口絵3）。いまの道路標識に当たるが、今日であれば、きっと松江の次は大阪とか京都とかいった都市名が記されたことであろう。でもこれは伊勢に向かいますよと、ダイレクトな表現であり、伊勢への導きが大事であったとみられる。それほど当時、人々の伊勢参りへの関心が高かったことをうかがわせる。実際に当地から参詣した人たちが少なくなかったであろうし、出雲より西の方からやってきた人たちもこの道しるべを頼ったに違いない。

江戸時代、伊勢参りが盛んであったことは、歴史の教科書にも書かれていて、「お蔭参り」

ということばで知っている人も多いであろう。せっかくの機会なので、道しるべ以外の石造物で(お地蔵さんや祠などとともに、これらをまとめて石造物というい方をする)、伊勢参りのことが知られる例を一つ紹介したい。

宍道湖の北岸側、松江市西浜佐陀《はまさだ》町に、「おおはか屋」という少し変わった名前のウナギ料理屋がある。市役所からは国道四三一号(通称湖北線)を車で走ると数分のところ、左手である。このお店のすぐよこに一基の供養塔が建っている(口絵1・2)。円筒形のもので笠がのり、基壇を含めると高さは二五一cmになる。

みると、法名《ほうみょう》など、八〇〇字近い文字が刻んである。この近くの沖合(釜代沖《かましろ》)で暴風雨による破船事故があり、乗っていた六八人のうち、四一人が溺死《できし》したことや、そのうちの二三人についてはこの地に葬ったことなどが記されている。事故が起きたのは宝永六年(一七〇九)、亡くなった人々、特に二三人のことを地元の人たちが憐《あわ》れんでこの供養塔を建てた(いまのは再々建塔)。

二三人は石見国の人たちであり、地元では彼らが伊勢参りの一行であったと伝わる。銘文を手がかりにすると、わかる範囲では安濃《あの》郡(現大田市東部)・那賀《なか》郡(現江津市北部から浜田市)の村人であり、男女三人から五人ほどの小グループをなしていた。男女はほぼ同数であり、年齢的には一〇代半ばから五〇代と幅があるなか、一〇代半ばから後半にかけた若年層が少なくないのも注目される。

石見地方の伊勢参りの実例を記録からみると、江戸時代の終わりごろのものがよく知られている。となると、この供養塔が示すのは早い段階の例といえようか。

伊勢参りは、中世末期に伊勢信仰が普及するのに伴い、一四世紀末ごろから集団参宮があらわれはじめ、特に江戸時代になって最も盛んになったとされる。中でもお蔭参りともいわれた、宝永二年（一七〇五）、明和八年（一七七一）、文政一三年（一八三〇）の三つは、全国的な規模の大巡礼運動に発展したことで知られ、宝永時には参宮者三百数十万人とも伝わる。

供養塔に眠る二三名の人たちの伊勢参りは、これより数年後のこととはいえ、こうしたブームが契機となってとられた行動のようにも思われる。

3　宍道湖をめぐる二つの水難供養塔

近世庶民信仰の動向と水運との関連で

（1）

（A）江戸時代の半ばのことである。宝永六年（一七〇九）六月三日の夜、暴風雨のため船が宍道湖上で難破《なんぱ》した。湖の北岸側、秋鹿《あいか》郡浜佐陀《はまさだ》村（現松江市西浜佐陀町）の釜代沖での出来事である。船には乗客・船員六八人が乗っていたが、二七人は助かったものの、四一人が溺死した。亡くなった者で出雲国の人の遺体は各家に引き取られ、親戚などが集まって供養が営まれたが、二〇数人は石見国の人たちであったから、遺体はこの地で葬られることになった。このことを哀《あわ》れんだ当地、寺津《てらづ》では一基の供養塔を建立して冥福《めいふく》を祈った。伝えるところ、彼らは伊勢参りに向かう人たちであった。

（B）それから一世紀あまりたった江戸時代の後期、宍道湖で同じような船の事故が起きた。文化一一年（一八一四）八月六日、こんどは湖の南岸側、意宇《おう》郡の宍道《しんじ》沖（現松江市宍道町沖合）での遭難である。一〇〇余人が乗船し、うち一八人は船具に取りついて助かったが、仁多・松江の船頭四人と飯石郡のひと三五人、大原郡のひと五〇余人が犠牲《ぎせい》となった。事故後、ここでも彼らの冥福を祈って、宍道の地に一基の供養塔が建立された。記録によると、乗客は一畑寺参詣の人たちであった。

(2)

松江市の中心地から通称湖北《こほく》線(国道四三一号)を西に向けて車で六分ほど走り、島根協同組合学校付近に差しかかると、「大はかや」という名のウナギ料理の店がある。この店のすぐ西側に一基の供養塔があって(1)、のちに再々建されたものながら、これが冒頭(A)の事情により建てられた塔である。店の名はこの塔にちなむもので、以前御《お》茶屋《ちゃや》をしていたころからの屋号であるという(2)。

供養塔は石造で、方形の基礎、円形の基壇の上に円筒形の塔身部と、同じく円形で厚く丸みのある笠《かさ》部からなり、頂部には擬宝珠《ぎぼし》をおく。総高二五一cm、塔身高一一九cm、同径五七cm、笠高三四cm、同径八八cm、擬宝珠高三四cm、同径二五cm、基壇高三四cm、同径九〇cm、基礎一辺一一八

43 宝永6年水難供養塔位置図

44 同供養塔(西浜佐陀町寺津地区)

cm、同高二一cm、すべて来待石《きまち》（凝灰質砂岩）製である。塔身は同高・同径の石材が二つ重なり、これによって区切られた上下二段に、次のような銘文が刻まれている[3]（アラビア数字は行数で筆者が便宜《べんぎ》上付けたもの）。

（上段）

1涼屋妙薫信女　石州安濃郡は祢村はつ」　2寂而妙照信女　同国同所もん」
3宝岸妙珍信女　同国同所くに」　4法雲妙喜信女　同国那賀郡都治村な津」
5大法玄空信士　同国同所五郎」　6松室玄貞信士　同国同所」
7天中妙天信女　同国同所みや」　8月峯妙円信女　同国同所た満」
9恵林玄智信士　同国濱田領たはせ村長亀」
10□室玄忠信士　同国同所鶴若」　11□底玄澄信士　同国同所松亀
　右拾一人ハ、助りたる石州ノ三郎・いま・なつ三人之者」、夫々のかほ（顔）を見志りたるゆへ（故）
志（知）れたり、
12樹山玄涼信士　是ヨリ十人ノ者俗名不知、年の頃を書記、十八九」
13禅渓妙泉信女　同　十四五」　14徳林妙功信女　同　廿三四」
15倒岸妙舟信女　同　五十斗」　16一屋妙槐信女　同　四十斗」

17樹栄妙拍信女　同　十六七」　18丹洞玄鶴信士　同　十四五」
19一甫玄心信士　同　廿四五」　20良玉玄光信士　同　二十二三」
21見覚玄性信士　同　二十はかり」　22夏菊玄芳信士　生国紀州年四五十斗」
23宗峯玄旨信士　神門郡大土地村徳右エ門
　右二十三人此山葬給
24水雲妙随信女　意宇郡林村「　　」死骸上りて「　　」葬」
25清巌智水信士　石州濱田領たはせ村次郎右衛門死骸也」
26林巻貞鏡信女　死骸不上戒名斗《ばかり》書記」　27慈空宗舟信士　右同断
勤修水陸会薦各霊冥福
　宝永六己丑六月三日
　文化四丁卯六月百年忌再建
　安政五戊午七月百五拾年忌再建
(下段)
願以此功徳」普及於一切　　願主
我等与衆生」皆共成仏道　　寺津村中

経日
具一切功徳慈眼視衆生
福聚海無量是故応頂礼
二十三人亡霊宝永己丑年」六月三日の夜、疾風暴雨釜」代沖にて船破れり時、溺死せ」る四十一人、共に都て乗合六十八」人、死をまぬかれし者二十七人也、」自国溺死の人ハ各家へ死」骸を持帰り、親族相集懇い」となむへし、あハ連なるハ石州の」男女二十三人むなしく他「　」となり、故郷の人とてハ水祭「　」人そなし、就中悲むへきハ「　」人もなく姓名も志れつ、只年「　」もて記し置く亡霊なり、「　」外ニ死骸の所在者知れさる「　」亡霊遺恨祭へし、今茲文化四丁卯百年忌ニ当り、村人「　」のかくごとくなるを、化縁「　」に募り一紙半銭の喜捨「　」石塔を新にして仏事を「　」(いと)なみ、亡霊の追薦菩提「　」するあり、其後年□(経)り」て字々疎にして見にな「　」今茲安政五戊午百五「　」忌に当り、茲に村の人「　」慕ひ四方に募化して喜捨」を集メ、重て石塔を新にし」仏事をい登なみ、亡霊の追薦」供養を修る者也、

一部剥落《はくらく》によって不明な部分があるが、以上八〇〇字近い銘文である。上段には葬られた

人々の法名をはじめ、分かる範囲で俗名、出身地、年齢などが記され、下段には事故の概要、塔の建立経緯、そして経文の法華経《ほっけ》「化城諭品《けじょうゆぼん》」と同経「観世音菩薩普門品《かんぜおんぼさつふもんぼん》」の一節が刻まれる。

記された法名は男一四人、女一三人、全部で二七人である。よくみると、中には神門郡《かんど》大土地村《おおどち》（現出雲市大社町杵築西のうち）出身の人（23）や紀州（現和歌山県）生まれの人（22）、あるいは対岸の意宇郡林村《はやし》（現同市玉湯町林）で遺体の揚がった人（24）、遺体の上がらぬまま戒名のみという人（26・27）が含まれている。下段で石州の男女二三人とあるが、助かった同郷の三人によって名前の判明した一二人（1～11・25）に、およその年格好しか分からない一〇人（12～21、うち一〇代四人、二〇代四人、四〇・五〇代各一人）を足しても計二二人であり、この銘文から二三人を特定するのは難しい。

石見国の人で出身地が分かるのは、1～3が安濃郡羽根村の三人、現大田市波根町（もしくは久手町）に当たる日本海沿岸の農漁村地域の人である。4～8は那賀郡都治《つじ》村の五人、現江津市都治町に相当、江川右岸に注ぐ都治川中流部の都治盆地を中心とする地域の人である。9～11・25は同郡田橋《たばし》村の四人、現浜田市田橋町に相当し、周布《すふ》川の支流牛谷《うしたに》川の上流の山村地域の人である（4）。

事故のあらましはこの銘文を参考にして、冒頭で述べたとおりである。遭難場所の釜代沖については、享保二年（一七一七）に成った『雲陽誌』に、謂われに触れた次のような一文がある(5)。

七釜大明神　（前略）、古老伝に南湖二・三町沖を俗に釜代沖といへり、水底に釜の形のことくなる磐あり、神代に朝の御気・夕の御気調し釜なるといふ、船中不浄の人ありて此釜磐の上をすくれは船かならす覆といへり、（後略）　（秋鹿郡浜佐田の条）

後段の部分は根拠なきことであろうが、前段で岸から南二、三丁沖合に釜代《かましろ》沖と呼ぶところがあり、湖底には釜に似

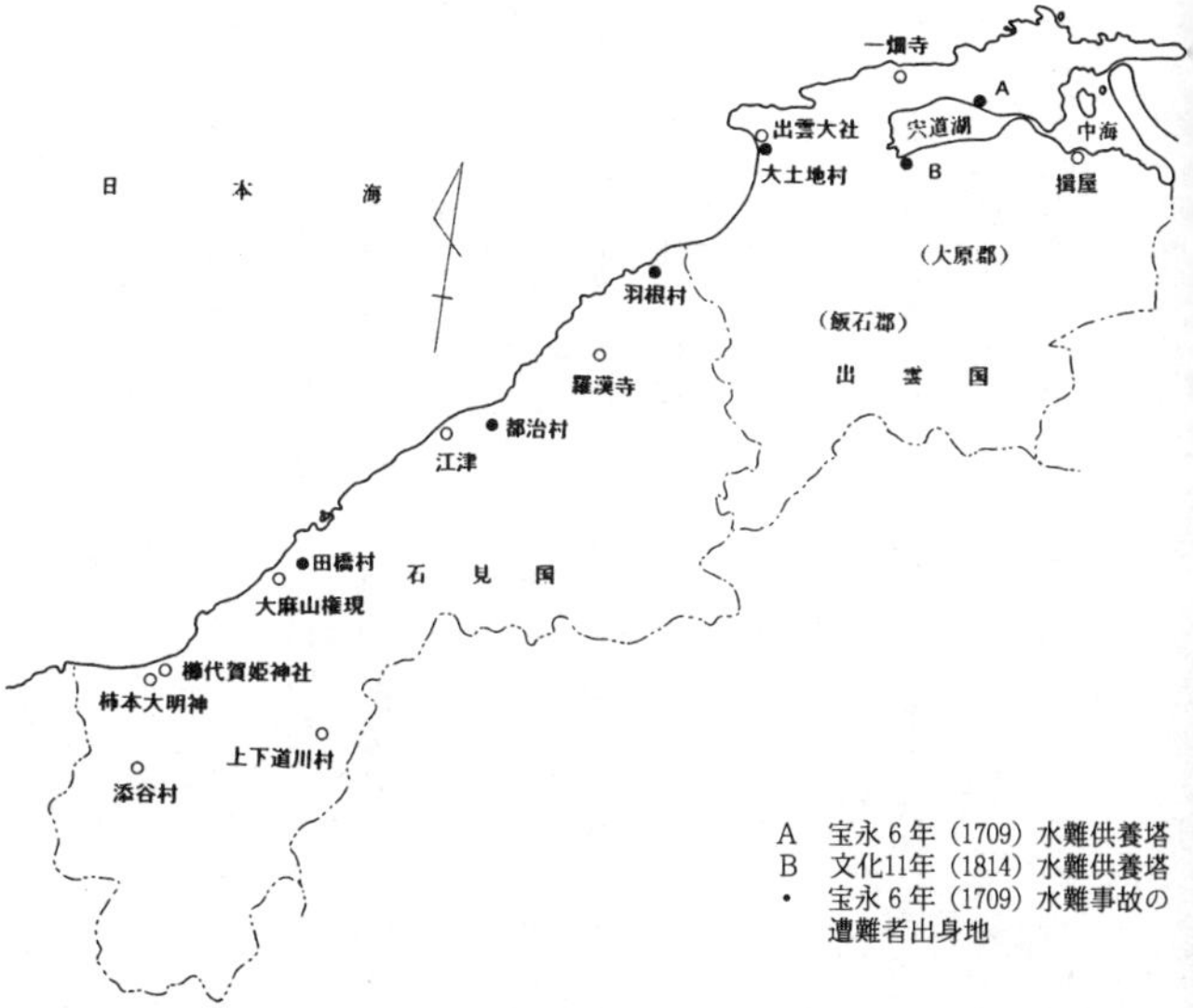

45　宍道湖をめぐる二つの水難供養塔と本文関連地名等位置図

た磐《いわ》（岩礁か）があるという。この付近は航行上の難所であったのであろうか、事故に遭った船は暴風雨により破船したというが、直接にはこの磐が影響した可能性がある。

銘文に石州の人たちの乗船理由は触れられていない。伝えではとしたのは、いまも地元寺津の人たちの間に伊勢参りであったと言い伝えられていることによる(6)。いうまでもなく、伊勢参りは現三重県伊勢市にある伊勢神宮への参詣であり、「一生に一度は伊勢参りを」とまでいわれるほど、特に近世信仰を集めたところである(7)。

この塔は、最初に建立されてからのち、百年忌《き》に当たる文化四年（一八〇七）、一五〇年忌に当たる安政五年（一八五八）の二度にわたり、地元の人たちが喜捨《きしゃ》を集めては再建した。その都度村中の人たちによって懇《ねんご》ろに供養されたことが知られ、お参りは今日でも続いている。

（3）

松江市方面から国道九号を西に向かい宍道町の町に至ると、国道にほぼ並行して町の中を通るのが、かつての山陰道である(8)。この道を入って間もなく、旧役場に入る手前の路地を南側に四〇mほど入ると正定寺《しょうじょうじ》にいたる。この境内のすぐ左手にあるのが（B）にちなむ供養塔、石造の地蔵菩薩《じぞうぼさつ》像である。

像は頭を丸め、身に衣《ころも》をまとい、左手に宝珠《ほうじゅ》、右手に錫杖《しゃくじょう》を執《と》って立つ、通有の姿の地蔵菩薩である。容貌《ようぼう》は口元が小さく穏やかな表情を表している。衣のひだなどは彫りが浅く、全体として大まかな表現である。台座は三重蓮華《れんげ》座で蓮弁《れんべん》と敷茄《しきな》子《す》(束)・反花《かえりばな》部の二材からなり、蓮弁は反《そ》り返り、間弁《かんべん》を伴う。また、反花は複弁をおおらかに表す。像と台座は花崗岩、以下の二重の基壇は来待石でつくられている。

総高三六三cm、像高一七五cm、同最大幅五二cm、台座高六〇cm、同蓮弁径六三cm、同反花径七七cm、基壇は上段が八角形で一辺四六cm、同高四五cm、下段が円形で径一五〇cm、同高八三cmである。

基壇部分に銘文が認められるが、風化のためいまではうまく判読できない状態である。強いていえば

46　文化11年水難供養塔位置図

47　同供養塔（宍道町正定寺境内）

上段には真言《しんごん》または陀羅尼《だらに》を表す梵字《ぼんじ》が刻まれ、下段にはかすかに信士《しんじ》・信女《しんにょ》といった小さい文字が読み取れる。ここにおそらく事故で亡くなった人たちの法名が列記されていると思われる。

寺では、この供養塔は文化一一年（一八一四）の水難事故で建立されたものと伝え、以前は銘文も読み取れたという。ただ、当時の事故の模様を伝えるような記録はないとのことであった(9)。

ところで、冒頭の（B）のあらましは、「長行《ひさゆき》暦録」(10)という記録によっている。この記録は、神門郡下古志《しもこし》村の高見《たかみ》弥三右衛門長行（明和六年〈一七六九〉～天保一三年〈一八四二〉）が、年々起きた主な出来事を明くる年の正月四日に、前年のメモをもとに書きとどめたもので、文化一一年（一八一四）に起きた出来事の一つとして、次のよ

48　「長行暦録」の表紙と関連記事部分（高見謙次郎氏蔵）

うに記録する(11)。

〇八月六日晴天、意宇郡完道沖ニ而一畑寺参詣之者百余人」水船ニ成死す、但し飯石郡三十五人・大原郡五十余人・仁多郡」松江人船頭四人也、外ニ十八人船具ニ取付浮候者助る、大内義隆」尼子合戦揖屋之沖ニ而、溺死以来之事と申事ニ候

文のはじまりは一〇〇余人が亡くなったともとれる表現である。しかし、助かった一七人をのぞいた数を足すと九〇人ばかりであり、おそらくこの数は乗っていた人の総数をいったのではなかろうか。また、文中に大内義隆尼子合戦《おおうちよしたかあまこ》とあるのは、天文一一・一二年(一五四二・四三)、大内氏が雲州攻略のため当地で尼子氏と合戦を展開したときのことを指しているようである。このとき中海の揖屋《いや》沖(現松江市東出雲《ひがしいずも》町沖合)で多くの溺死者が出たという。

このたびの事故はそれ以来の惨事《さんじ》であったといい、当時人々の間で大きな話題になった様子がうかがえる。先に記した釜代沖の事故も社寺参詣の人が多く犠牲者となったという点で同じであるが、一〇五年前に対岸側で起きた事故のことなど、このときすでに忘れ去られていたのかもしれない。

「長行暦録」の記事では、事故の起きた時刻や原因、乗っていた人たちの男女の内訳など分からない。しかし、多数の死者を出した飯石・大原両郡の乗客が一畑寺参詣の人たちであった

と、確かに記されている。

一畑寺は、山号を医王山《いおう》といって、平田市（現出雲市）小境《こざかい》町にある臨済宗寺院である。平安時代以来薬師信仰によって栄えたとされ、特に眼病治癒《ちゆ》に霊験《れいけん》あらたかな薬師として知られる。この信仰は出雲地方を中心に、今日では隣接する中国地方各県などに広く及ぶ(12)。多数の死者を出した飯石・大原郡の人たちは、出雲東部を流れる斐伊《ひい》川中流域およびその支流域に住む人たちであり、おそらく彼らは講《こう》組織をつくって一畑寺へ詣でようとしていたのであろう。

この地蔵菩薩像は、以前は灘《なだ》に近い場所にあって、彼らが目指していた一畑寺の方角を向いて立っていた。像の前では、いまも地元の人らの手を合わせる姿がみられるという(13)。

（4）

これまで江戸時代に宍道湖で起きた二つの大きな遭難事故のあらましと、それぞれの供養塔についてみてきた。ともに社寺参詣を目指した多くの人たちが乗船していた事実が注目される。（A）の供養塔は、銘文に乗船理由は触れられていないが、地区の言い伝えから彼らが伊勢参りの集団であったことが知られた。この場合は石見中央部から石東地域にかけた、安濃・那賀郡の人たち二〇数人の集団である。細かくみると、それぞれの地域では男女三人から五人ほど(またはそれ以上)の小グループをなしていたようにみえる。

また、男女はほぼ同数で、女性の参加者が多いといってもよい。それに、およその年格好しか記されなかった一〇人の年齢構成をみると、一〇代半ばから五〇代と幅があるなか、一〇代半ばから後半にかけた若年層が少なくないのも興味をひく。

ここで、石見地方の伊勢参りの実例をいくつか記録からみてみる。いずれも江戸時代の終わりごろの例である。津和野《つわの》領添谷《そえだに》村(現鹿足郡吉賀《よしか》町、旧日原《にちはら》村)の児玉《こだま》万治郎らは、弘化二年(一八四五)、二二歳から三六歳までの、男だけ五人で行った(14)。那賀郡江津(現江津市)近在の浜本屋政吉らは、文久二年(一八六二)、一八歳から二四歳までの一行一一人で向かっていて(15)、比較的若い人たちの集団参宮とわかる。

また、美濃《みの》郡の上下道川《みちかわ》両村(現益田市匹見《ひきみ》町)では、安永七年(一七七八)から弘化二年(一八四五)にかけて、村びとが一三回参宮した記録が知られる(16)。これをみると夫婦や一家族で二~四人単位のものもあれば、弘化二年(一八四五)の百姓富十郎母らのように、三九歳から七三歳までの比較的高齢の女性ばかり五人の例、あるいは天保一四年(一八四三)の百姓藤十郎らのように、一八歳から六〇歳までの男女一一人といった例がある。ここでも集団的な行動

49　絵馬・二見浦の図（部分、櫛代賀姫神社蔵）

が確認できる。

集団参宮の例は、江戸時代の絵画資料の中にもみることができる。たとえば益田市久代町の櫛代賀姫《くししろがひめ》神社の拝殿《はいでん》に掲げられた絵馬《えま》群がある(17)。伊勢に参ったうえで奉納されたであろう「瀬田《せた》の唐橋《からはし》図」には、男八人、女四人、計一一人が描かれている。

また、時代が下り、明治期の制作とみられる「二《ふた》見浦《みがうら》の図」は、石州の「石」と益田の「枡《ます》」のマークの入った菅笠《すげがさ》をもつ男一三人、女一四人、計二七人の行列姿である。これも左下隅に書かれた名前から地元の人たちが奉納したとわかるが、職能《しょくのう》絵師によるパターン化した人物群とはいえ（裏面に「大阪絵馬屋」とある）、容貌からは若者の一行にみえなくもない。

伊勢参りは、中世末期に伊勢信仰が普及するに伴い、一四世紀末ごろから集団参宮があらわれはじめ、特に近世になって盛んになった。なかでも江戸時代、お蔭《かげ》参りともいわれた宝永二年（一七〇五）、明和八年（一七七一）、文政一三年（一八三〇）の三つのものは、全国的な規模の大巡礼運動に発展したことで知られる。

宝永時には、東は江戸、西は伯耆・安芸《あき》・阿波《あわ》に及び、参宮者の数三百数十万人とも伝えられ（このとき発生地である京都では特に青少年層の参加が多かったという）、つづく明和時には、山陰を含む関東以西から北九州にいたる中・西日本の広範囲に波及し、約二百万の人びとが参宮したとされる(18)。

宝永時の集団参宮のとき、出雲・石見地方がどうであったのかは不明である。しかし、仮に影響がここまで及んでいなかったとしても、（A）の事故はそれから四年後のことである。既述のように、このときのうねりがしだいに石見の人たちにも伝わり、それが契機となり、結果的に行動に結び付いたとも考えられる。

（A）は、出雲・石見地方において記録伝承で確認できる伊勢への集団参宮の例であり、江戸時代半ばという比較的早い時期のものである。内訳として男女がほぼ同数で女性の参加も多く、一〇代半ばから後半の若年層を含んでいることにも注目した(19)。

一方、（B）についていえば、男女の比率や年齢構成などは分からないが、出雲東部の中山間地域である飯石・大原両郡の人たちの一畑寺参詣であったことが知られた。一畑寺は特に眼病に効くとした一畑薬師信仰が盛んであり、今日も多くの参詣者を集めていることはすでに述べたとおりである。この信仰は少なくとも戦国期にさかのぼるとされる(20)。

ちなみに、在所にいながら日夜その信仰を続けたいと願望し、それぞれの地区に建てられたものに、一畑灯籠がある(写真54・55)。出雲部から石見東部を中心にして、一八世紀後半から二〇世紀前半にかけて盛んに建立された事実は(ピークは江戸末期から明治初年)(21)、当信仰がこの時期、あるいはそれ以前より出雲部をはじめとして広く及んでいたことを裏付ける。

伊勢参りや札所巡りは、その道すがら各地の著名な寺社や名所をたずね歩く旅でもあった。先に伊勢参りの例で触れた津和野領添谷村児玉万次郎ら五人の一行は、石見部では高津の人麿《ひとまろ》大明神、三隅《みすみ》の大麻山《たいまさん》権現、大森の羅漢《らかん》寺へ寄り、出雲路では出雲大社、一畑寺などに参った後、松江を通って伊勢へと向かっている。江津近在の浜本屋政吉らの一行の場合もこれとほぼ同じコースであったという。また、万次郎らの移動手段に注目すると、宍道湖上を行くことはなかったものの、高津川下りを利用した行き帰りや、神戸川の渡し、さらに安来から米子に向かっては中海を七反帆《たんほ》の船で渡っており、湖水・河川の船運を利用しながらの旅であったことが知られる。

一般に、西国四国札所などに代表される近世の社寺への巡礼行為は、一七世紀終わりごろから盛んに行われていたとされる(22)。この出雲・石見地方における地域的な動向、たとえば出雲札所巡りがいつごろから盛んになったのかははっきりしない。しかし、出雲東部の神門郡内三十三所札所巡りを表した、「雲州神門郡札所の歌頌《かしょう》並びに縁起」が、元禄五年(一六九二)に存在する事実(23)から推して、当地方でもこの時期から札所巡りをはじめとする社寺参詣への関心と行動が高まりつつあったと考えてよいであろう。江戸時代の後期ともなれば、このような巡礼行為は一層盛んに行われたと思われる。

一畑寺は、出雲札所巡りでは番外に位置づけられている寺院である(24)。江戸時代のもので同寺に残る木版刷りの「出雲三十三所霊場案内 并《ならびに》名所古跡」(25)には、一番長谷寺から三十三番岩屋《いわや》寺(清巖《せいがん》寺)までの道のりが、朱線でつないで表わされるほか、一畑薬師の名や秋鹿・宍道などの地名が記され、宍道湖には波間を行く帆掛け船が描かれる。この二隻《せき》の船は単に湖の情景に過ぎないであろうか。釜代沖や宍道沖の遭難者が船を利用していたように、出雲札所巡りなどの社寺参詣も含めて描かれたようにも思われる。

すでに指摘されているであろうが、近世封建制社会の制約のなかにあったとはいえ、人々の動きは個人的にも集団的にも、わたしたちが想像する以上に活発であったと考えられる。庶民信仰の動向においては、伊勢参り、四国西国札所巡り、六十六部廻国巡礼といった遠距離で広範囲に展開したものから、一畑薬師信仰や出雲札所巡りのような、比較的近距離でローカルな行動範囲のものまで、相当な動きがあったとみるべきであろう。

こうした庶民の動向を盛んにした要因の一つに、交通環境の進展があったことも指摘されているとおりである(26)。この点、当地方も同様であったとみてよく、こうした動きを支えたものの背景に、宍道湖などを利用した盛んな水運があったことは、

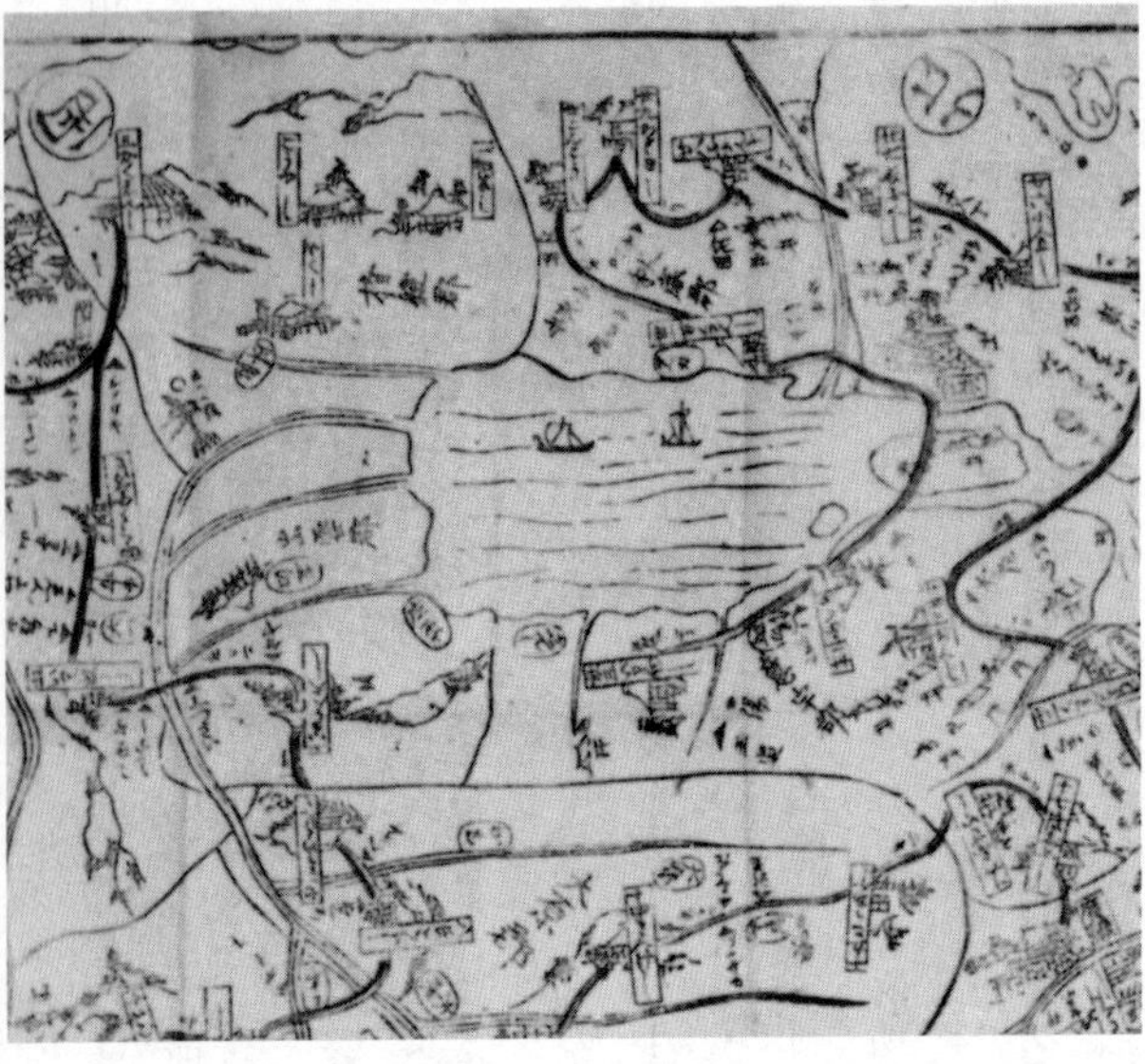

50 「出雲三十三所霊場案内并名所古跡」(部分、一畑寺蔵)

先の例をみてもほぼ間違いないところかと思われる。

(5)

湖　竪《たて》六里《り》横三里の大湖なり、是《これ》を宍道湖といふ、(中略)、湖中に漁翁釣夫往来し風帆商船繁多なり、謂《いう》へし府外輻輳《ふくそう》する所なり、

宝永六年(一七〇九)の水難事故から八年後の、『雲陽誌』にみられる宍道湖についての記事である(意宇郡宍道の条)。漁の舟や商船が盛んに行き来し、松江城下の外にあって物資が方々から集まって込み合っている、と船運でにぎわう当時の宍道湖の情景を伝えている。そこには単に物資ばかりではなく、信仰に関わる人々や情報も盛んに往来したことであろう。

(A)・(B)は、江戸時代の半ばから後半にかけて宍道湖で起きた水難事故であり、湖北、湖南に離れて建つ二つの供養塔は、その悲劇を伝えるものである。まれな事故ではあったろう。しかし、ここで注目したかったのは、両者には共通して伊勢参りや一畑寺などへの社寺参詣を目的に多くの人たちが集団で行動していたこと、そしてその交通手段として宍道湖の水運が利用されていたことにあった。

（1）須藤吉郎編著『古江村誌』一九四九。「ザ・発見シリーズ30　大はかやと大墓」『松江リビングジャーナル』vol.215、山陰中央新報セールスセンター一九九一。

（2）「大はかや」曽田正子さん（大正二年〈一九一三〉生まれ）の話。塔の前を一畑寺、出雲大社に向かう道が通っており、茶屋を営んでいたころはこの道を行き交う人々に草履などを提供していたという。ウナギ屋は正子さんの代からはじめ、現当主弘之さんが二代目。なお、『角川日本地名大辞典』に「寺津地区は出雲巡礼の港として栄え」たとあるが、正子さんの話では近代、船着き場はこの寺津にはなく、秋鹿町（現在の秋鹿駅付近）と浜佐陀（佐陀川河口付近）の両地区にあったという。

（3）註1の須藤文献には「大墓の哀史」のタイトルで銘文が紹介されている。しかし、一部に誤植漏れがあり、判読可能なかぎりで全文を載せることにした。

（4）『角川地名大辞典32　島根県』角川書店一九九一。『日本歴史地名大系第33巻　島根県の地名』平凡社一九九五。

（5）『雲陽誌』（『大日本地誌大系42』所収、雄山閣、一九七七）

（6）註1のジャーナル紙。曽田正子さんへの取材を通して、石見の人たちが伊勢参りのために乗船していたことを明らかにしている。筆者も同様に正子さんから聞き取った。なお、遭難者はこれより東方に埋葬されているという。

(7)藤谷俊雄『「おかげまいり」と「ええじゃないか」』岩波新書一九六八
(8)『宍道町誌』宍道町一九六三。石富寅芳『宍道の町並みスケッチ』宍道町教育委員会一九九五。
(9)正定寺松本慎枝さん(大正一一年〈一九二二〉生まれ)の話。なお、『宍道町誌』では参詣者一一四人のうち九八人が死亡したと具体的であるが、典拠が不明である。
(10)出雲市下古志町・高見謙次郎氏所蔵。安永七年(一七七八)一一月から文政七年(一八二四)までの四六年間が書き留められている。紙数は表紙部分を含めて四四枚。
(11)註8の石富文献に「長行暦録」の記事がほぼそのまま紹介されている。ここでは「雄志のかげで」という項目の中で、海(水)上輸送は一度で大量輸送の利点をもつ一方、時に予期せぬ遭難が起ることから、水難話の一つとして取り上げる。
(12)馬庭克吉「一畑講」・藤岡大拙「一畑寺」(ともに『島根県大百科事典』山陰中央新報社一九八二)。
(13)松本慎枝さんの話。および『伝承ししぢの里』ふるさと宍道伝承の会一九九八
(14)大庭良美「伊勢参宮－児玉万治郎の道中記にみる」『郷土石見』第五号一九七八
(15)藤澤秀晴『歴史の中の旅人たち』山陰中央新報社ふるさと文庫10一九八一
(16)矢富熊一郎『石見匹見町史』一九六五
(17)森口市三郎編『島根の絵馬展』図録(島根県立博物館一九八二)

(18)註7の文献に同じ。

(19)管見ではもっとも古い事例と思われる。ただし濱田藩の場合、法的には元禄九年(一六九九)に公布された「御禁制御触書」の中にすでに抜け参り禁止の条文がある(波多野虎雄外『邑智郡誌』上巻一九七八、『新修島根県史史料編3近世下』一九六五)。また、若年者の参加という点では、特に宝永時のお蔭参りでは、京都の場合六歳から一六歳までの青少年層が三〇%強も参加していたとされる(註7の文献)。

(20)註12の藤岡文献に同じ。

(21)馬庭克吉「一畑灯籠年代記」『季刊文化財』第46号、島根県文化財愛護協会一九八二

(22)真野俊和編『講座日本の巡礼』一九九六、註7の文献など。

(23)山崎光保「史料紹介　出雲地方札所観音霊場資料」『島根近世史研究』第4号一九九三、同氏島根近世史学会発表資料。

(24)白石昭臣「出雲札」『島根県大百科事典』山陰中央新報社、森口市三郎編『特別展　出雲の札所』図録(島根県立博物館一九八四)。

(25)註24の森口編文献。なお、本書で掲載した図版は同図録から複写したものを使用した。

(26)新城常三『新稿社寺参詣の社会経済史的研究』塙書房一九八二、宮本常一『旅と民俗の歴史4―庶

民の旅』八坂書房一九八七、註15の文献など。

4　続　宍道湖をめぐる二つの水難供養塔
ふたたび文化一一年の遭難事故から

（1）

八東郡（現松江市）宍道町の正定寺境内にある石造地蔵菩薩像は、文化一一年（一八一四）八月六日、宍道沖合で起きた水難事故の犠牲者を供養するために建てられた塔である[1]。この事故では、一畑寺参詣に向かう人達を乗せた船が遭難し、乗船していた一〇〇余人のうち飯石・大原郡の人たち九〇名ほどが亡くなった（「長行暦録」）[2]。

実はこの時の犠牲者のなかに、年齢は不明だが名前と出身地の分かる二人がいた。ともに飯石郡多久和《たくわ》村（現雲南市三刀屋町多久和）の住人で、一人はたわら上屋敷の利八の後家《ごけ》の倅《せがれ》で権《ごん》太《た》といい、もう一人は上ノ台奥の善五郎の倅で徳五郎《とくごろう》といった。多くの乗客の中にあって多久和村から薬師詣《もう》でに向かったのは、この二人だけだったようである。彼らの行動が村の一畑講《こう》を代表したものなのか、それとも個人的なものであったのかまでは分からない。

事故で死者が出たという知らせは、すぐに関係先へ伝えられた。犠牲者の大半は、事故が起きた日から三日目（八日）の夕方にかけて引き上げられ、それぞれ出身の村々へ引き取られることとなった。知らせを受けた村では、村役人や親戚の者などが遺体を引き取りに出向いたが、権太と徳五郎の場合は多久和村から早速、年寄名代《としよりみょうだい》として上小原の新兵衛が宍道へ出かけ連れ帰った。

犠牲者が出た地域の人々にとって、事故はやはり衝撃《しょうげき》的であったようである。無言《むごん》で帰郷した彼らを出迎えた村人のなかには、突然の大きな事故に目も当てられぬ事態であったと、記録に残した人がいる。

（2）

権太と善兵衛の出身地である飯石郡多久和村は、出雲地方東部の中山間地で、斐伊川の小支流、飯石川が流れる農山村地帯である。この地区にはいまでも本殿を持たず、大磐《おおいわ》をそのまま御神体《ごしんたい》とする飯石神社があることで知られている。江戸時代後期の文化・文政年間のころ、この神社の社司で佐藤駿河《するが》貞綱という人がいた。貞綱は文政一三年（一八三〇）八八歳で亡くなるまでに近隣で起きた出来事や、各地の風聞をいろいろと書き残した(「佐藤家古記録」(3))。冒頭の事故の模様は記事の一つであって、次のように記されている。

市畑薬師参詣人大勢相果候

一、文化十一年甲戌八月六日、市畑薬師為参詣、諸郡宍道町船ニ而小界江致着船候処、二番船三歩一村沖ニ而水船ニ相成、船頭壱人、乗合之人数多相果申候、八日夕方迄ニ死骸大方取揚申候、多久和村年寄名代ニ、上小原ノ新兵衛、宍道江罷越申候、

飯石郡

一、死人拾三人　上熊谷村

一、同　四人　下熊谷村

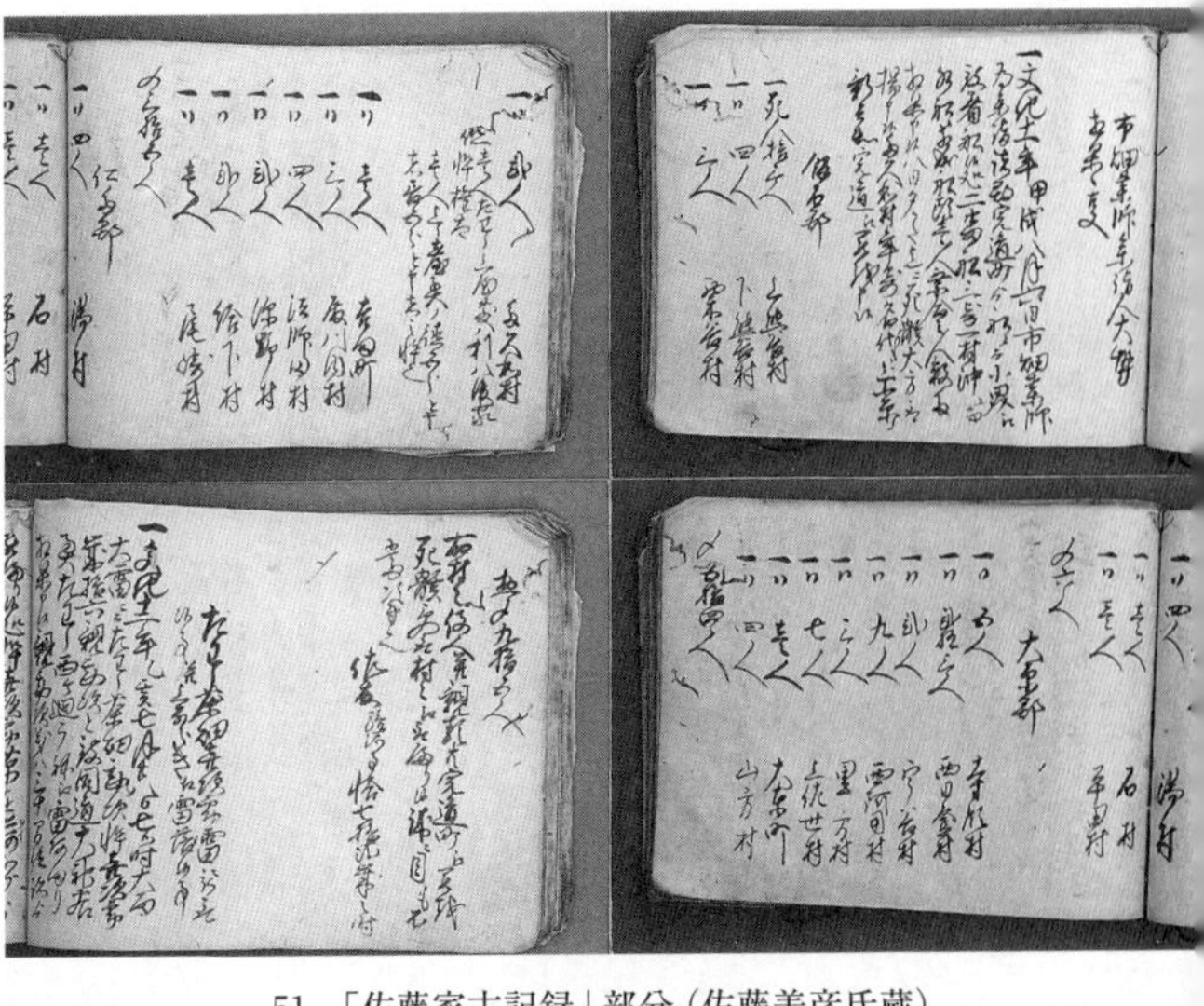

51 「佐藤家古記録」部分(佐藤美彦氏蔵)

一、同　三人　粟谷村　／一、同　弐人　多久和村
但、壱人たわら上屋敷利八後家伜権太、
　壱人上ノ臺奥ノ徳五郎と申者、善五郎と申者之伜也
一、同　壱人　吉田町　／一、同　三人　殿川内村
一、同　四人　法師田村　／一、同　弐人　深野村
一、同　壱人　尾崎村
〆三拾五人
仁多郡
一、同　四人　湯村　／一、同　壱人　石村
一、同　壱人　平田村
〆六人
大原郡
一、同　五人　寺領村　／一、同弐拾三人　西日登村
一、同　弐人　宇谷村　／一、同　九人　西阿用村
一、同　三人　里方村　／一、同　七人　上佐世村

一、同　壱人　大東町　／一、同　四人　山方村
〆五拾四人
惣〆九拾五人
右村之役人并親類共宍道町江罷越、死骸受取、村々へ取帰り候、誠ニ目も不當次第也
〆　佐藤駿河事拾、七拾弐歳之時

事故が起きたのは貞綱七二歳のとき、事故の模様と経過が簡潔にまとめられている。身近に犠牲者が出たこともあってか、事故当時の状況がよく伝わってくるようである。この貞綱の記事と、同じ事故を記録した「長行暦録」を比べると内容に大きな隔《へだ》たりはなく、ともに信頼のできる記録としてよい(4)。と同時に全く係《かか》わりあいのない二人によって書かれたこの事故が動かしがたい史実であったことを証明していよう。そして、どちらかといえば、貞綱の記録の方が船の軌跡《きせき》や事故が起きた場所、出身村毎に死者の数を記すなど、事故の概要をより具体的に伝えていて注目される。そこで、この記事についてもう少し詳しくみることにする。

(3)

まず遭難した船の動きから追ってみる。

船は一畑薬師参詣を目指す百余名の乗客を乗せ、宍道を出発した。湖を北上して小堺へ着岸、乗客はそこで船を下りて一路一畑薬師へ向かう予定であった。ところが、湖の西岸側の三《さん》歩一《ぶいち》村の沖合で水船したのである。

「長行暦録」によると、船は宍道沖で破船したとあって遭難場所が異なるようであるが、近世三歩市村（現出雲市斐川町三分市）も東側は宍道湖に面しており、寛永年間の斐伊川の東流以後沖積《ちゅうせき》作用により、湖を埋めつつ東方に面積を増していった村である(5)。いまでは湖岸が宍道町佐々布《さそう》荻田《おぎた》付近から北に向かって伸びているが、当時は荘原学頭《しょうばらがくとう》付近にまで湾入しており、湖面をはさんで出雲郡三歩市村と宍道町とは、斜めに向かい合う位置であった。いずれにしても件の事故は、宍道の岸を離れてさほど遠くない、湖の西南端で起きたといえそうである。また、この船が着岸するはずであった小堺（小境灘《なだ》、現出雲市小境町）は、湖の北岸、小境川河口付近にあった船着き場で、一畑寺参詣者の乗降地として大正年間まで賑わったところである(6)。

つぎに、この事故で亡くなった人達の出身地についてみると、飯石・仁多・大原三郡の人たち、総数九五人である。内訳は飯石郡が上熊谷《かみくまたに》村一三人、下熊谷村四人、粟谷《あわだに》村三人、多久和村二人（いうまでもなく権太と徳五郎）、吉田《よしだ》町一人、殿川内《どのごうち》村三人、法師田《ほっしだ》村四人、深野《ふかの》村二

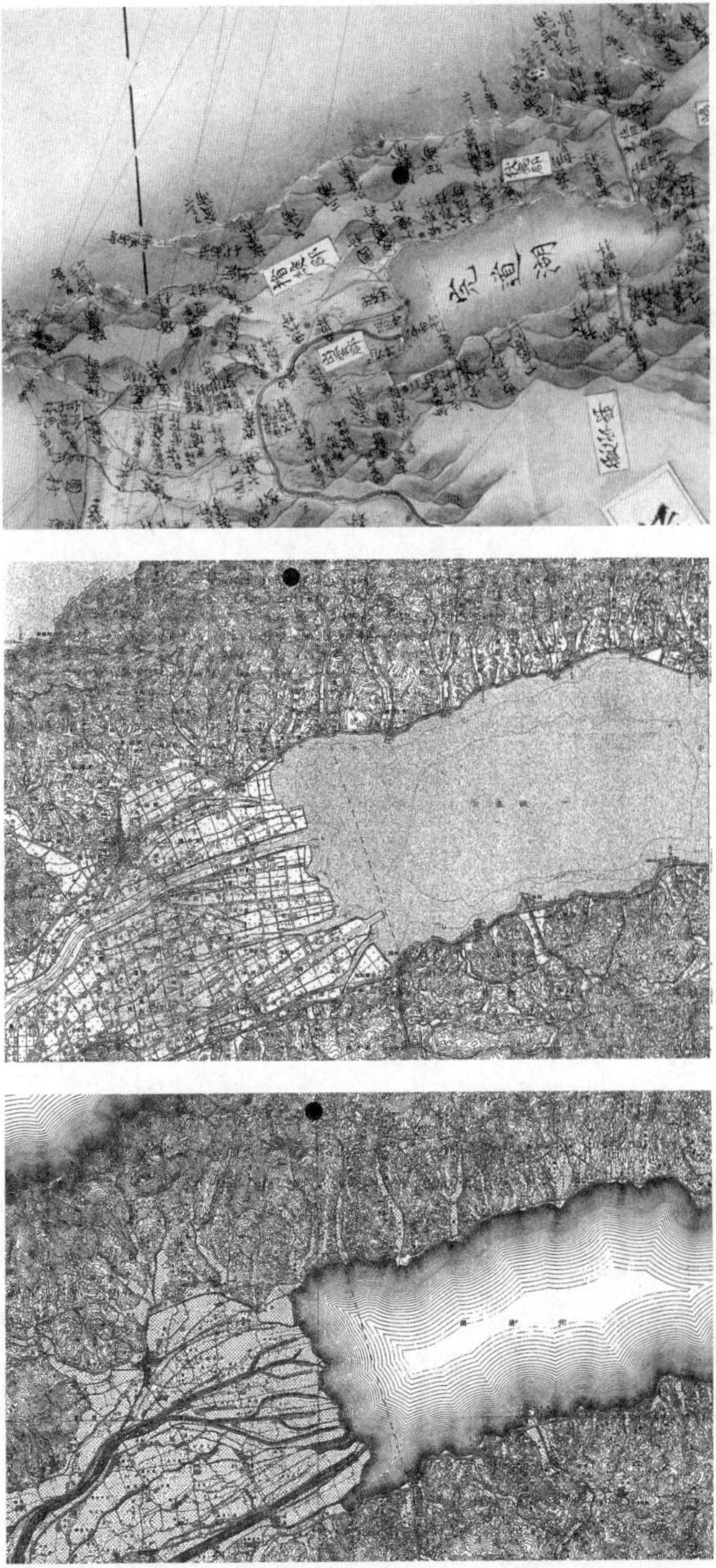

一畑寺、小境、宍道の位置と宍道湖西岸線の変遷（破線は小境と宍道を便宜的に最短距離で結んだライン。上から順に文政年間の「伊能図」、明治年間および平成年間の地形図。●印は一畑寺

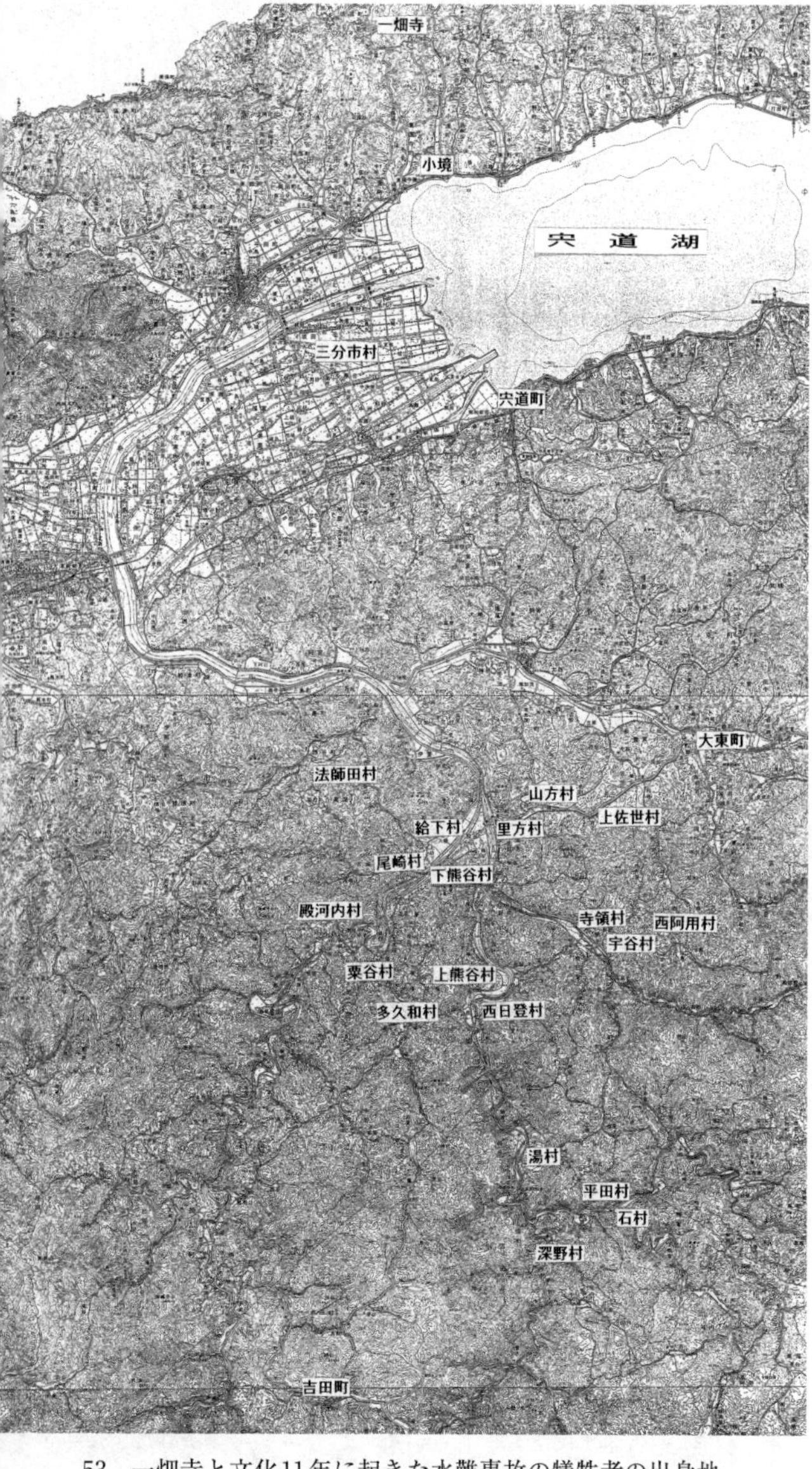

53　一畑寺と文化11年に起きた水難事故の犠牲者の出身地

人、給下《きゅうした》村二人、尾崎《おさき》村一人の、計三五人である。仁多郡は湯《ゆ》村四人、石《いし》村一人、平田《ひらた》村一人の、計六人である。大原郡は寺領《じりょう》村五人、西日登《にしひのぼり》村二三人、宇谷《うだに》村二人、西阿用《にしあよう》村九人、里方《さとがた》村三人、上佐世《かみざせ》村七人、大東《だいとう》町一人、山方《やまがた》村四人の、計五四人である。

郡域でいえば、飯石郡三七パーセント、仁多郡六パーセント、大原郡五七パーセントで、飯

54 権太と徳五郎の出身地、三刀屋町多久和にある一畑灯籠

55 木次町上熊谷地区（中の段）にある一畑灯籠。大社・金比羅・土産神をあわせて祀る。明治14年建立。世話人・願主77名が列記される

石・大原両郡の人たちが全体の九〇パーセント以上を占める。もちろん三郡に別れてはいるが、出身地を大きく捉《とら》えると、大半は斐伊川の中流域に近接もしくは点在する村々である。また、これを村別にすると、飯石郡の上熊谷村の一三人、大原郡の西日登村二三人で他村に比べるとかなりの人数にのぼる。全体からみると、それぞれ一四パーセントと二四パーセントとなり、両者合わせると三八パーセントを占める。この二つの村からなぜ多くの犠牲者が出たのかは定かでない。ただ、両村は郡域を分かつとはいえ、斐伊川を挟んで向かい合う村である。一畑薬師参詣では住民の多くが行動を共にしていたとみることもでき、両村の緊密さが表れているようにも思える。

事故からは、一九世紀前半の斐伊川中上流域における一畑薬師信仰の広がりと、そこに住む人達の参詣の具体的な姿がうかがえる。同時に一畑講のかなりの普及が考えられてよいかと思われる。

それから、記事でもう一つ注目しておきたいことがある。それは水難事故が起きた日である。事故は「佐藤家記録」・「長行暦録」ともに、文化一一年(一八一四)の八月六日のことと記録する。では、この八月六日前後は当地方の人々にとって、どのような日であったのか。

享保二年(一七一七)に成った『雲陽誌』の楯縫《たてぬい》郡小境の一畑寺の項に、つぎのような一文が

56　豊かな水面をたたえる宍道湖。一畑寺付近の山頂から湖をのぞむ。右側手前が小境、対岸が宍道である。湖南の山並みの向こう側に文化11年の水難事故で多くの犠牲者がでた斐伊川中・上流域の雲南地区がある

57　斐伊川を挟んで右側がもと飯石郡上熊谷地区、左側が大原郡西日登地区である（下流よりのぞむ）。文化11年の水難事故ではこの両地区からもっとも多くの犠牲者がでた

ある(7)。

薬師堂　此堂四間四面、本尊古来より秘佛なり、(中略)、縁日毎月八日一二日なり、八月七日八日會式といふ、(中略)、夫薬師は諸病を除たまふ佛なれは、参籠の病者たゆることなし、中にも目の疾を救たまふ、祈る者かならす癒願を立るに品々あり、食を断、火物を断、参詣通夜して小歌躍、相撲、八月の會式には近國の男女來あつまり、其様々の業をなし侍ぬ

一畑薬師の縁日《えんにち》や会式《えしき》の日について触れたくだりである。縁日とはある仏菩薩と特に因縁の深い日のことであり、この日に参詣すると平日よりもいっそう功徳《くどく》があるとされる。もちろんここでの有縁《うえん》の仏菩薩とは薬師如来であり、この如来の縁日が毎月八日・一二日であった。また、会式とは多くの僧俗を集めて、仏の教えを説き聞かせる法会のことであるが、一畑寺では八月七・八日が当てられた。当寺で執《と》り行われる年間行事のなかでも特に重要な儀式の日であったようである。

近世こうした縁日や会式の日には、市や見世物などが立ち並び、御利益《ごりやく》を得ようとする信者で賑《にぎ》わいをみせた(8)。『雲陽誌』は会式の日に近国の男女が集まり、通夜《つや》して小歌踊りや相撲《すもう》などが行われるとあって、当日の賑やかな雰囲気を伝えている。

縁日・会式の日前後の賑わいを想像したとき、佐藤貞綱の記録が事故の船を「二番船」と記しているのも注意される。はっきりは分からないが、「二番船」とは一日のうちに出港する、数艘《すうそう》の船のうちの二番船ということであろう。当日予定された数艘の船の乗客が、一様に一畑寺参詣の人たちであったとすれば、会式前日も訪れる人が相当数いたことになる。

『雲陽誌』からは一八世紀前半のころ、縁日・会式の日で賑わう一畑薬師参詣の様子が確認できる。文化一一年の事故はそれからほぼ一世紀のちのことであった。目的地へ向かう途中で暗転《あんてん》するが、乗船していた人達はこの日を楽しみにしていたに違いない。

(4)

「佐藤家古記録」や「長行暦録」は、事故とほぼ同

58　宍道から対岸の小境、一畑寺方面をのぞむ。小境までの距離は直線で結んで6㎞である。矢印が一畑寺の位置

時期に書かれた史料である。それから四〇年が経ってから事故について触れた記録がもう一つある。嘉永七年（一八五四）、九州日田《ひだ》出身の儒学者で漢詩人であった、広瀬旭荘《ひろせきょくそう》という人が当地を旅した際の日記である（「日間瑣事備忘《にっかんさじびぼう》」(9)）。

一〇月八日、旭荘は宍道の事故碑のまえで、当時一五歳であったという地元の医師、大坪行蔵から様子を聞いた。行蔵は、事故の模様や原因などについて回想しつつ、「あれから三〇余年（四〇年の誤り）、この八月六日は誰も船に乗る者はいない」と語った。

事故による被害の大きさからか、それ以来この日船による参詣は途絶えたということだろうか。しかし、注目すべきは「近ごろはやや昔に戻って来」たとあり、往時ほどではないが、ふたたび船を利用する状況が生まれつつあると続けている(10)。つまり、決して舟運を利用した参詣が終焉《しゅうえん》したわけではなかったのである。

時代は間もなく近代へと移行するが、一畑薬師参詣のその後について話を続ける。一畑薬師の信仰と参詣が近世で終わることなく、近代にも及んでいることは周知のとおりである。近代のはじめのころの一畑薬師信仰の様子がうかがえる資料に、一つのルポルタージュがある。文化一一年の水難事故から七〇数年後、広瀬旭荘の旅行記事からは四五年ほどのちである。

明治二〇年代の前半、出雲の地に一人の外国人が訪れた。島根県尋常《じんじょう》中学校の英語教師として赴任《ふにん》してきたラフカディオ・ハーン、日本名小泉八雲《こいずみやくも》である。その著『知られぬ日本の面影』には、ある時彼が松江の市中で巡礼たちの一団に出会った際、自身も「方々へ巡礼の旅をしなければならない」として巡礼地の名を挙げている。一に杵築《きづき》（出雲）大社、次が一畑薬師であり、そして清水寺《きよみず》、佐陀《さだ》神社、真名井《まない》神社、神魂《かもす》神社、八重垣《やえがき》神社などとつづく(11)。彼が出雲地方の社寺に強い関心を示していることが知られるが、それは大勢の人たちがこれらの地を巡拝していたからでもあった。

八雲はここで、候補地の一つとして挙げた一畑薬師が、「盲人を目が見えるようにする薬師如来の有名な聖地で」あるとする。また、別の章でも「一畑山の一畑寺、薬師如来のお寺だ。薬師は本来は衆生《しゅじょう》の心の病苦を救う御仏だが、ここ一畑ではむしろ体の病苦、とりわけ盲目を治す仏様として知られている。目を病む者が、この寺で一心に願をかければ病は必ず癒《い》えるといわれ、諸国の津々浦々から何千何万という参詣人が訪れ、長く辛《つら》い山道を登り、六百四十の石段を踏みしめ、風の吹き渡る山頂に立つのである」と述べている(12)。

実際、彼は出雲地方の主だった社寺に取材に出かけており、一畑寺には明治二三年（一八九〇）一一月中旬に参拝した記録が残る(13)。こうした八雲の著作からも、一畑寺が近代においても引き続き多くの巡拝者を集める参詣地の一つであったことが知られる。

（5）

文化一一年の水難事故について、今回新たに知りえた二つの史料から当時の模様をより具体的にみてきた。湖南・湖北の両岸に建つ二つの供養塔が、宍道湖の水運事情とも関連して、近世の庶民信仰（社寺参詣）の動向を知るうえで貴重な資料と考えてのことであった。

では、当地では伊勢や杵築（出雲）大社、一畑寺などへの社寺参詣がいつのころから確認できるのであろう、また、それはその後どのように展開したのであろうか。この点についても、少し時間軸を広げて考えてみようと思う。

年代を一六世紀の後半まで溯る。天正一五年（一五八七）のこと、幽斎玄旨《ゆうさいげんし》の名で知られる細川藤孝（一五三四～一六一〇）は、羽柴秀吉の九州征伐に従軍に向かう道中、加賀（現松江市島根町）より船出するはずであったが、天候が荒れたので「いたづらにくらさむもものうし」として杵築宮見物に出掛けた。途中佐陀大社にも寄りながら、かち（徒歩）で朝、佐陀を出発し、秋鹿から平田までは小舟に乗り、夕刻近く杵築の社に参詣した（「九州道の記」[14]）。

また、これより一二年前の天正三年（一五七五）、薩摩《さつま》国串木野《くしきの》の城主であった島津家久（一五四七～八七）は、伊勢参宮の目的もあって上洛したが、その帰途大山に参詣したあと、中海を舟で行き、馬潟《まかた》・白潟《しらかた》を通り、宍道湖を抜けて平田に着き宿をとった。そして明くる二三日、杵築の大やしろへ参詣した（「中書家久公御上洛日記」(15)）。

中世末期の、このようなかたちで社寺参詣の様子がうかがえる記録があるのは貴重である。二つの記録からは、このころ宍道湖を船を利用しながら杵築大社などへ参詣していた事実が知られるからである。もっとも家久、藤孝はともに安土桃山時代の武将であって、ここで問題にしている庶民と同じに考えることはできない。しかし、伊勢への集団参宮を例にとってみれば、特に天正末期以降盛んに行われ、地方からの参宮者のなかにはすでに武士、地侍《ちざむらい》に混じって、商人や農民等の姿があったと指摘される(16)。

この点を、出雲・石見地域の資料からうかがうならば、例えば大田市南八幡宮の鉄塔に納められた多数の経筒《きょうづつ》（一六世紀前半〜後半）からは、戦国時代末期からほぼ全国的に盛んに活動を展開する六十六部廻国聖《かいこくひじり》の存在が知られ(17)、このころからさまざまな階層の人達の参詣が確認できる。

こうした動きは、より多くの階層の人たちの関心を呼ぶとともに、参詣・巡礼といった実際の行動に繋《つな》がったと推察される。一般に、近世庶民の社寺への巡礼行為は一七世紀終わりころからもっとも盛んになったとされる(18)。当地方においても同様な発展を辿ったであろうことは、既にこの時期の札所巡り資料が存在することからみてほぼ間違いないところであろう。天正年間から元禄期までの間の状況を埋めるには資料が不足しているものの、先の家久・藤孝の参詣記録は宍道湖・中海をたたえた、当地方における近世社寺参詣の前史を知るうえで注目される史料である。

では逆に、近世の後半から末期にかけて、さらには近代にかけてはどうであろう。すでにみてきたように(→一―3)、伊勢参りにしろ一畑寺参詣にしろ、実態として参詣の事実は多くあったと思われる。水運とは結びつかないが、なおこの間の伊勢参りについて一例を加えるならば、江戸時代中期にあたる、一八世紀後半の例がある。

近世の伊勢参詣は、御蔭《おかげ》参りといわれる大規模な集団参宮が周期的に起きた。そのうち近世三大御蔭参りの一つに数えられるのが、明和八年(一七七一)のお蔭参りである。この年は江戸時代を通じてもっとも大規模に発展したことで知られ、ほぼ全国の人々が参詣した(19)。ここ出雲地方においても例外ではなかったようで、地元の記録には松江、今市、大津、杵築、久村《くむら》などでは、大麻《たいま》(神札)が天から降ってきたと記録される(「天地家用録」(20))。そして、伊勢の地の記録にも実際に出雲・石見地方から参詣に出掛けた人たちが多くいたと残されている(森壷仙「いせ参御蔭之日記」(21))。

もう一つ、一畑寺参詣はどうだったのであろう。参詣記録そのものではないが、一畑薬師が中世末期にかなり信仰を集めていたことは、永禄四年（一五六一）正月に某《ぼう》久光が病気治癒祈願のためとして寄進をし、また天正五年（一五七七）一〇月には三刀屋久扶が眼病祈願として同じく寄進を申し出ていることから明らかである[22]。もっとも、庶民による参詣となると、近世前半に至ってもはっきりしない[23]。しかし、既述したように後半にいたれば、『雲陽誌』により少なくとも一八世紀後半には縁日・会式の日に特に多くの参詣者があり、相当の賑わいをみせていたことが知られた。また、在所ごとに建立された一畑灯籠から推して、近世末期から明治・大正にかけて盛んであったことは十分に想像されるところである[24]。

59　出雲市大津町高瀬川沿いにのこる道標。みとや、きすき、松江とともに、いせの文字が刻まれる

近代の例で、先に小泉八雲が『知られぬ日本の面影』のなかで出雲地方の参詣地に強い関心を寄せていたことに触れた。実

際、彼は出雲大社に同二三年（一八九〇）の九月に参詣する機会を得ている。

この時は、松江から荘原まで宍道湖を西に向かい、さらに田んぼのなかの小さな川（斐伊川の支流）を溯っている。この間一時間半ほど、小さな蒸気船に乗っての道中であった。また、一畑寺の参拝では同じように松江より宍道湖を小蒸気船に乗って小境へ到着、そして復路は、その小蒸気船が機関故障《こしょう》したため、日本船（和船）を仕立てて帰松した(25)。

こうしてみると、中世末ないしは近世初頭から江戸時代を通して、あるいは近代にいたるまで、庶民を含む諸階層の人々の水運とも関わった社寺参詣の歴史が、点ではあるが、少しは連続的にとらえられたのではないかと思う。

（6）

小文の目的は、宍道湖の両岸に建つ二つの水難供養塔に注目することで、当地の近世庶民信仰（社寺参詣）の動向を、水運という要素を絡ませながら明らかにすることであった。具体的には、そこに刻まれた銘文や別に残る関連の記録類などを合わせ検討することで、事故の様子や参詣の実態を少しでも復元的に試みようとしたものである。加えて終わりの方では、近世のはじめから近代にいたるまでの社寺参詣の流れを、粗削《あらけず》りながらも点描した。なぜここまで表現しようとしたかといえば、二つの水難事故をただ悲劇として扱うだけではなく、事故に遭遇《そうぐう》した人達の行動を、近世庶民の社寺参詣の一つの軌跡《きせき》としてとらえる、また、前後の歴史的な流れの中で位置づけようと考えたからである。

繰り返すが、宝永六年(一七〇九)の秋鹿郡釜代沖の事故は、伊勢参りに向かう石見国の人達の集団が遭難したものであり、当地方における伊勢への集団的参宮としては江戸時代半ばという、比較的早い段階の事例とみた(26)。特に銘文の分析からは、この集団の男女構成比や年齢層がある程度知られて注目したところである。因みに、銘文には犠牲者が伊勢参りの人々であったとは一言も触れられていない。伊勢参宮は幕府が禁止するところの抜け参りのかたちが少なくなかったとされる(27)。彼らの行動がもしそうであったとすれば、それを憚《はばか》り表記を差し控えたとも考えられる。

また、文化一一年(一八一四)の意宇郡宍道沖の事故は、一畑寺へ向かう斐伊川中上流域に住む人達の集団が遭難したもので、江戸時代後半の一畑薬師信仰の広がりと参詣の様子が知られる好例ととらえた。特に注目したのは、『雲陽誌』の記事にみられる会式の日前後の賑わいや、それに伴って湖上を行き来したであろう船の様子などである。

近世庶民信仰(社寺参詣)を知ろうとするとき、参詣日記や紀行文などの史料が重要であることはいうまでもない。しかし、これと同様に、供養塔などの路傍にある石造物もまた貴重な資料となりうると考えた。

宍道湖の両岸に建つ二つの供養塔もその一つであることを、最後にもう一度強調して小文を終わりたい。

（1）拙稿「宍道湖をめぐる二つの水難供養塔―近世庶民信仰の動向と水運との関連で―」。なお前編で正定寺境内供養塔の位置図の説明で「宝永一一年（一八一四）」とあるのは「文化一一年（一八一四）の誤りである。また、「完道（宍道）」という表記は、近世地方文書にしばしばみられ、古くは『出雲国風土記』に記載がある。

（2）出雲市下古志町・高見謙次郎氏所蔵。安永七年（一七七八）一一月から文政七年（一八二四）までの四六年間が書き留められている。

（3）雲南市三刀屋町・佐藤美彦氏所蔵。このタイトルは島根県立図書館が所蔵する筆写本の題名であり元の記録にはない。又筆写本は記録のすべてではなく、一部の抜き書きである。

（4）両者で違いがあるのは、船頭のことぐらいである。

（5）『角川日本地名大辞典32　島根県』角川書店一九九一

(6)山本和寛「小境灘」『平田市大事典』平田市役所二〇〇〇。これによると小境灘の賑わいは、大正三年(一九一四)軽便鉄道、昭和三年(一九二八)北松江一畑間の電鉄が開通し、一畑坂下駅の開設によって終わりを告げたとする。また藤沢秀晴編『目で見る出雲・雲南の一〇〇年』郷土出版社一九九九では、鉄道開通以前は宍道湖の航路が交通の中心であったとあり、大正時代の小境桟橋と汽船の写真を掲載する。

(7)『雲陽誌』(『大日本地誌大系(四二)』所収、雄山閣一九七七)

(8)『日本宗教事典』弘文堂一九八五

(9)『広瀬旭荘全集－日記篇五』(広瀬旭荘全集編集委員会編、思文閣出版一九八三)

(10)原文は漢文である。訳文は卜部忠治・今岡堅一共訳『出雲市民文庫16　百四十五年前のわが町わが村―広瀬旭荘の山陰紀行―』出雲市教育委員会一九九九によった。原文は次のとおりである。

「(表紙)嘉永七年甲寅/始九月八日/終十月二十日/日間瑣事備忘録巻一百三」「(十月)八日(中略)洞前立一碣、刻南無阿弥陀仏、側書文化十一年甲戌八月六日九十八人溺湖而死越三年建此、以薦冥福/原邦文・余訳此之、行蔵曰某当時年十五、猶能記矣、本日湖北有薬師祭土人乗舟、而往風止波静舟底有漏処、舟子脱衣塞之板既腐随塞随開客大譟終覆活者僅数人、爾後三十余年八月六日無復乗舟者、今稍ニ復旧、(後略)」

なお、この供養塔について日記には、「洞の前に円形の石碑が立ち、南無阿弥陀仏と刻まれ、側書には文化一一年甲戌八月六日九八人、湖で溺死した。三年たったのでこれを建立して冥福を祈る」とある。この時点では地蔵菩薩像ではなく「南無阿弥陀仏」と刻んだ円形の六字名号碑であり、事故後三年経ってからの建立である。このことから現在の地蔵菩薩像はさらにのちに建立されたとわかる。現供養塔は来待石製の基壇部と花崗岩製の地蔵像から成っており、おそらく斐伊川中流域産の花崗岩を使って制作されたであろう。のちに遭難者のでた地域の人達が供養のために建立したのではあるまいか。また事故の原因については、直接には船底板の腐朽がもとで浸水沈没したという。

(11)『神々の国の首都』(小泉八雲著、平川祐弘編、小泉八雲名作選集　講談社学術文庫 948)による。同書「神々の国の首都」一四・一五。

(12)前掲註11に同じ。同書「杵築」一・二。なお一畑寺のことについてはこのあとにも文章が続いている。

(13)『ラフカディオ・ハーン著作集　第十五巻(書簡Ⅱ・Ⅲ/拾遺/年譜)』恒文社一九八八

(14)「九州道の記」(細川護貞『細川幽斎』中公文庫一九九四

(15)「中書家久公御上京日記」(『神道大系　文芸編　参詣記』)

(16)新城常三『新稿社寺参詣の社会経済史的研究』塙書房一九八二。藤谷俊雄『「おかげまいり」と「え

えじゃないか」』岩波新書一九六八
(17)近藤正「大田市南八幡宮の鉄塔と経筒について」『島根県文化財調査報告書第一集』一九六八
(18)真野俊和編『講座日本の巡礼』一九九六
(19)前掲註16の藤谷氏文献に同じ。
(20)石塚尊俊編著『出雲市大津町史』大津町史刊行委員会一九九三。この資料は「近世編、七、幕末の動乱、1 お蔭参りの流行」のなかで紹介される。
(21)前掲註16の藤谷氏文献に同じ。
(22)井上寛司「一畑寺蔵の中世文書について」『郷土史ひらた』第6号(一畑薬師特集号)(平田郷土史研究会一九九四)。藤岡大拙「一畑寺」『島根県大百科事典』山陰中央新報社一九八二。
(23)『日本歴史地名大系第33巻―島根県の地名』平凡社一九九五の一畑寺の項目に、「元禄年間頃からは出雲国を中心に村々に講(一畑講)が組織され、多くの参拝者を集めるようになり」とある。一畑寺講の始期年代を具体的に記した文献であるが、それを記録した史料が明らかでない。直接出版社に問い合わせもしたが、執筆者が分からないと回答があり、典拠が不明のためここでは取り上げていない。
(24)馬庭克吉「一畑灯籠年代記」『季刊文化財』第46号一九八二

(25)前掲註13に同じ。

(26)なお、早い例としては石見国では元禄一四年(一七〇一)、邑智郡三俣村住久兵衛ほか五名が京都并伊勢三宮へ向かうための往来手形が残る(坂原家文書)。『川本町文化シリーズⅢ　ふるさとの古文書(近世編)』川本町歴史研究会一九九四。

(27)幕府がこれを禁令の対象としていたことは、浜田藩の場合、元禄九年(一六九六)と同一二年(一六九九)に公布された「御制禁御触書」の中に抜け参り禁止の条文がある(波多野虎雄外『邑智町誌』上巻一九七八、『新修島根県史史料篇3近世下』)。

二、六十六部のいた風景

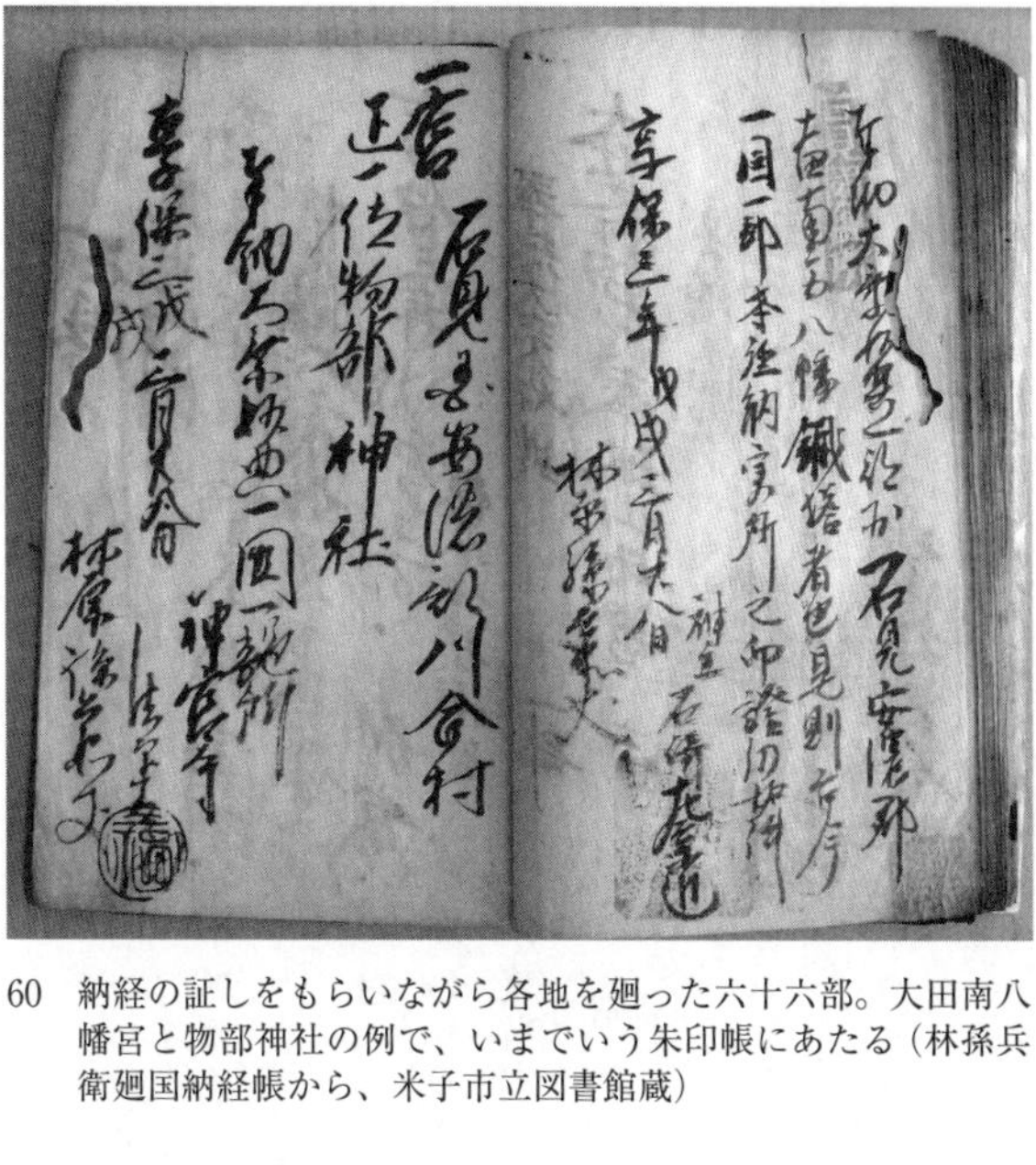

60　納経の証しをもらいながら各地を廻った六十六部。大田南八幡宮と物部神社の例で、いまでいう朱印帳にあたる（林孫兵衛廻国納経帳から、米子市立図書館蔵）

1　六十六部廻国という巡礼

巡礼《じゅんれい》というと、どのような例を思い浮べられるであろう。海外ではメッカ巡礼、サンティアゴ巡礼などがあり、国内では四国遍路《へんろ》（八十八ヵ所）や秩父《ちちぶ》三十四ヵ所巡礼などが知られる。巡礼には二つのタイプがある。一つはある一つの聖地へ行って帰る往復型、もう一つはいくつもの聖地を巡歴する回遊型である。先の例でいえば、海外のものは前者であり、国内のものは後者である。もちろん、国内にも前者の例があり、善光寺《ぜんこうじ》参りや金毘羅《こんぴら》参りなどが該当する。

かつて国内には六十六部廻国《ろくじゅうろくぶかいこく》（単に六部とも）という巡礼があった。これも後者の例である。大正から昭和の初めに途絶えてしまったため、巡礼といってもあまり話題に上らない。

この巡礼はかなり特徴的であった。名称に表れてもいるように、国内全体（六〇余国）を歩き、主要な寺社などへ法華経《ほっけ》を納経してまわるのが基本である。したがって国内ではもっとも長距離の巡礼行為である。

そのため苦行《くぎょう》性が高いといえるが、面白いことに必ずしも納経先が固定されておらず、実践者の選択に任されるという側面をもっていた。

この廻国行は、江戸時代に非常に盛んに行われた時期がある。その証《あかし》の一つが路傍や境内などの一角に立つ石塔である（口絵10・11）。廻国供養塔といい、多くが「奉納大乗妙典六十六部供養塔」と刻まれている。廻国が満願成就《じょうじゅ》して立てられたものもあれば、途中で客死《かくし》した者への供養塔である場合もある。

ところで、六十六部廻国は、行者だけで完結するものでもない。宿を提供するなど、行く先々で彼らに協力する人々がいて成し遂げられた部分がある。

接待《せったい》供養、施宿《せしゅく》供養ということばがある。巡礼者への湯茶の接待なり宿の提供などをさすが、人々がなぜそうするかといえば、彼らへの施しが自身善根《ぜんごん》をつむことにつながっていると考えられたからである。

施宿供養塔は、例えば鳥取県大山《だいせん》町の大山寺参道脇にある（とやま旅館前）。明和九年（一七七二）の塔で、「回国行者三千人宿施行塔」と刻まれ、六十六部の宿泊が三千人に及んだことを記念したものである。

実は島根県下にも同様な例がある。出雲大社にほど近い杵築《きづき》北の潮音《ちょうおん》寺境内にあり、「日本廻国奉納経六十六部行者二千人施宿満願供養塔」とみえる（↓二―3）。先の大山寺参道脇と同じ年号をもち、地元大土地《おおどち》村の山田屋の関係者が建立したものである。文字どおり、ここに宿をとった六十六部が二千人に達した満願を記念して建てられた。なぜ出雲大社近くにこのような供養塔があるのだろうか。

それは出雲大社が出雲国における最大の納経先であったからに他ならない（ただし大社への直接納経は時期によって変遷する）。先の事実は、出雲国においても当時かなりの数の廻国者が訪れていたことを、そして間違いなく彼らを受け入れた人がこの地にいたことを確認させてくれる。

廻国供養塔はそう思って注意してみれば比較的わかりやすく見つけやすい資料である。また中には彼らの姿を造形したものもある（口絵9）。しかし、島根では必ずしも実態が掴《つか》めていないのが現状である。

2　島根における近世六十六部廻国　出雲三十三札所巡りも絡《から》めて

六十六部。この用語、どれだけの方がご存じだろうか。名称は耳にしたことがあっても、具体的な姿がイメージできる人や、彼らの行動を物語る資料が身近にあると気づいている人は意外に少ないのではなかろうか。

巡礼といえば、四国、坂東《ばんどう》、秩父の観音霊場巡りや四国遍路が有名である。しかし、日本の巡礼行為の中で歴史上もっとも長い距離を歩いたのは六十六部である。この廻国行《ぎょう》は中世に始まり、江戸時代はかなり盛んに行われていた。

六十六部は六十六部廻国聖《ひじり》とか、単に六部ともいわれる。六十六の数字が示すように、全国六十六か国をめぐり大乗妙典《だいじょうみょうてん》（法華経）を一部ずつ納経することを名目に巡礼する人たちである。納経のため長期にわたり日本各地を巡り歩くわけであるから、苦行性が高いとされると同時に、実は納経先が一定しなかったため、選択自由度の高い行でもあった。まことに妙であるが、「巡礼地の定まらない巡礼」という言い方さえあるぐらいである(1)。

私は今回、出雲・石見・隠岐の旧三国における近世六十六部廻国の様相を、彼らの足跡と納経先で受け取った請取状《うけとり》（納経帳ともいい、いまの御朱印帳に似る。口絵7・8参照）に注目しながらまとめてみた（→二―4）。すでに全国的な傾向として明らかにされている点が多いものの、これにより当地方における具体的な動向がはじめてとらえられたかと思う。

例えば、一国レベルで納経地数をみると、初め一、二ヵ所程度であったものが次第に増え、一八世紀半ばあたりから八、九か所にもなること、また、行き先ごとに納経の度合いをみると、出雲は杵築(出雲)大社に代表され、これに次ぐのが国分寺(安国寺)、平浜八幡宮、三屋《みとや》神社であること、石見は大田南八幡宮に代表され、国分寺、大麻《たいま》山権現、柿本《かきのもと》神社が次ぐこと、隠岐については焼《たく》火《ひ》権現に代表されるが、離島のためか廻国例が少なく、しかも代判《だいはん》といって本土側で納経を済ませる例が多いこと、が把握できた。

ところで、読者の方の中には六十六部と観音巡礼とはどう関係するのかとお思いであろう。ご想像のとおり、両者には直接のつながりはない(2)。しかし、注意しておきたいのは、納経先が増加する一八世紀半ば以降、六十六部が納経したところをみると、出雲、石見の三十三所霊場巡りと重なる箇所があることである。出雲であれば、一番長谷《ちょうこく》寺、三番鰐淵寺、二一番清水《きよみず》寺、番外一畑《いちばた》寺である。石見であれば、

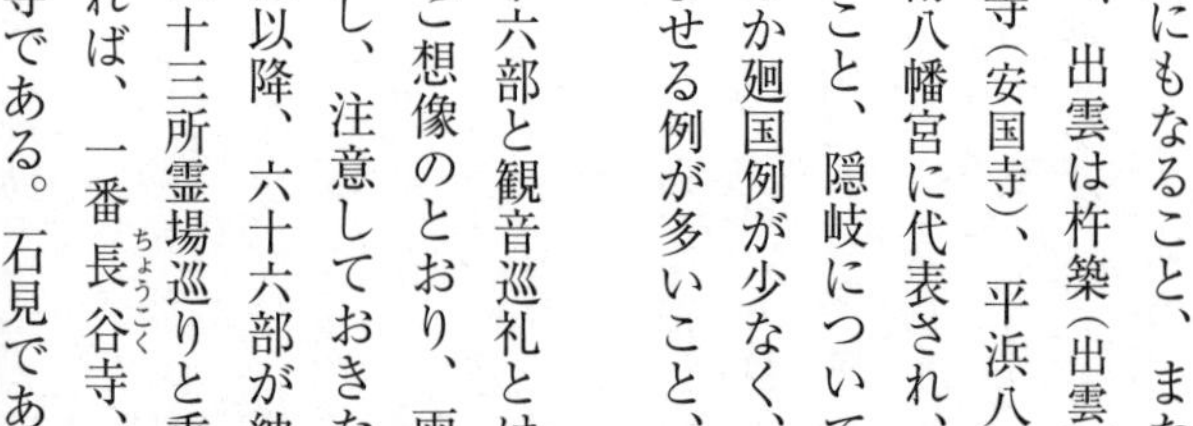

61　島根における近世六十六部廻国の変遷(右:18世紀前半と左:同後半の比較)

一九番柿本《かきのもと》神社真福寺、二〇番染羽天石勝《そめばあまのいわかつ》神社勝達寺、二三番大麻山尊勝寺、二五番大島神社宝幢《ほうとう》寺などである。

このころの廻国は、一宮と国分寺、それに八幡宮や霊所をセットにした納経スタイルが特徴ともなっている。しかし、これに加えてさらに地方巡礼の霊場が混じっている事実は注目してよい。札所巡りとの併修《へいしゅう》とまではいえないが、六十六部のなかには当時参詣者を集めていた地方巡礼地を、納経先として選んでいた可能性が十分考えられるのである。

いまも路傍《ろぼう》や墓地の一角には「奉納大乗妙典六十六部供養塔」などと刻んだ石塔や、まれに天蓋《てんがい》をかぶり、鉦《かね》などを手にする彼ら独特の像容を表したものがある。これを機会に六十六部廻国の痕跡が周囲にないか注意してみていただければと思う。

（1）小嶋博巳「六十六部廻国とその巡礼地」

62　近世六十六部の特徴をあらわした造像例（松江市西忌部町）

『四国遍路と世界の巡礼』二〇〇五

＊小文は二〇〇八年一〇・一一月に島根県立古代出雲歴史博物館で開催した企画展「秘仏への旅―出雲・石見の観音巡礼―」に伴い、地元紙に掲載した連載記事の一つである。ここで読者の方に触れたのは、展覧会内容との関連性を意識してのことであった。

3　出雲市にある近世六十六部施宿供養塔
同塔建立の全国的な傾向も絡めて

近世六十六部廻国の性格を明らかにするとき、彼ら自身がとった行動の軌跡《きせき》が問題になるのは言うまでもない。しかし、同時に周囲の人々や地域社会が彼らをどのように受け入れていたかを知ることも重要である。後者の場合を考えた時、かつて地域の中にはその行為が善根《ぜんこん》に当たるとして、六十六部に宿を提供する者がいた。施宿《せしゅく》供養塔（単に宿供養塔とも）はこれを具体的に示してくれるものであり、その建立の様相についても注目する必要がある。

ここに紹介する資料は、島根県出雲市大社町にあって、当地域で初めて確認できた施宿供養塔である。当地域における近世六十六部廻国の実態を知る資料として欠かせない上、他地域のこの種供養塔の建立状況を重ね合わせることで、全国的な傾向なり特色をもよく表しているとわかり貴重である。

(1)本施宿供養塔の概要

大社町杵築北の曹洞宗《そうとう》潮音寺《ちょうおん》境内にあり、南面する本堂向かって前方左手に位置している寺であり、同墓地には宝暦一〇年(一七六〇)銘の六十六部廻国供養塔が存在する。また県道を挟んで北側にあるのが標高七〇メートルの奉納山《ほうのう》である(1)。(口絵13)。ほぼ隣接してあるのが浄土宗安養《あんよう》

本塔は、角柱状石塔で花崗岩製。塔身と基礎からなり、頂部は尖頭形《せんとう》で四注《しちゅう》式とする。塔身は高さ一〇五cm、幅三〇×二七cm、基礎は高さ二五cm、幅五四×四六cmであり、高さ

63　潮音寺境内の施宿供養塔

二六㎝の自然石の台石上に立つ。銘文は次のとおりである。

(正面)日本廻国奉納経六十六部行者二千人施宿満願供養塔
(右側)維時明和九竜舎壬辰三月吉日　敬白
　　□□(海晏)山潮音禅寺□□(住)丹□林代
(左側)為眷属親菩提　施主　桃□了悟信士・積法智善信女
(裏面)俗名大土地村　山田屋□九［　］・同　□□□□

風化のためうまく判読できない部分もあるが、この銘によると、明和九年(一七七二)、六十六部廻国行者への宿提供が二千人に達した満願《まんがん》供養塔として立てられた。施主は大土地《おおどち》村の男女二人であり、おそらく生前戒名《かいみょう》をもった山田屋の夫婦かと考えられる。銘には眷属親《けんぞくおや》菩提の為ともあって、親族などの菩提を弔《とむら》っていたことがわかる。

(2) 施宿供養塔の類例と接待の具体

施宿供養塔は、県下では初見ながら、これまで全国的に確認されている。隣国伯耆《ほうき》における納経地の代表例は大山《だいせん》寺であるが、その周辺にも施宿供養塔が知られている。鳥取県西伯《さいはく》郡大山町の大山寺参道のとやま旅館前のものには、「(キリーク)回国行者三千人宿施行塔・明和九壬辰天（一七七二）七月吉祥日　施主豆腐屋　高見茂兵衛」とある。また同じく大山町宮内《みやうち》の仁《に》王《おう》堂公園内のものには「（円相）廻国一千人供養塔　安永六酉天（一七七七）四月　宮内村斉藤与左衛門　右所子・左淀江」と刻まれている(2)。ともに本塔と同様、一八世紀後半のものとわかるが、同時にこのころ一千人、三千人に達するほど相当数の六十六部が廻国していたことが知られる。

ところで、施宿の実態は廻国宿帳など、供養塔以外の六十六部資料からもうかがえる（口絵7参照）。出雲国の杵築大社周辺の様子を伝える資料には、伊予《いよ》国出身の六十六部下見《したみ》吉十郎が残した記録がある(3)。それによると、吉十郎は鬼着《きつき》（杵築）町の二か所で施しを受けており、おかねのところで二宿、山根喜右衛門のところでは五宿と、あわせて七宿した。吉十郎の資料で面白いところは、普段は受けた報謝《ほうしゃ》（接待）の在り様をただ大・中・小で淡々と表現するが、喜右衛門の時ばかりは「色々珍物ニ而御馳走毎日二ノぜんニ而」と書き残している。彼にとってよほど珍しいものが並び、手厚い施しを受けたようである。吉十郎の当国への廻国は正徳二年（一七一二）の二月から三月にかけてであった。本塔と同様、これも大社周辺における一八世紀代の施宿の実態を伝え貴重である。

(3) 近世六十六部施宿供養塔の特色

施宿供養に関係した石造物の建立は、何も近世に限ったことではない。例えば山口県防府《ほうふ》市に天文一三年(一五四四)のものがあり、宿の提供も含むであろう接待供養塔であれば宮城県栗原《くりはら》郡に元弘四年(一三三四)の例があって、中世もすでに一四世紀前半から知られる(4)。しかし、施宿供養塔が数多く盛んに建てられたのは、やはり江戸時代であり、中でもピークにあったのは一八世紀代である。

六十六部廻国供養塔については、今日、全国規模で集計されたデータベースが公開されている(5)。二〇一〇年段階で七六〇〇件以上確認されているが、札《ふだ》供養塔も含んでその中から施宿供養塔を抽出してみると、二三〇件ほどが存在する。このうち約九割は年代が判明しており、建立の傾向を知ることができる。試みにこれらを二五年毎に区切って変遷をみたのが別表である。造立は一八世紀第1四半期に始まる。と同時にほぼピークを向かえ、さらに同第3四半期に再び大きなピークがあるとわかる。

施宿供養塔にみるこのような傾向は、実はデータベース研究により得られた廻国供養塔全般における傾向とも一致し(6)、表裏一体の関係にあるといってよい。すなわち、そこでも同じ盛行の様相が現れていて、同時進行の現象と捉えることができる。これは当然のようでもある

別表　施宿供養塔の年代別一覧（札供養塔等の類似資料を含む）

年代（西暦）	件数	所在都道府県名及び（　）内の数字は各供養塔固有番号
1334	1	宮城（122）
1544	2	奈良（6187）、山口（未掲載）
1601 ～ 1625	0	
1626 ～ 1650	1	群馬（6281）？
1651 ～ 1675	0	
1676 ～ 1700	1	埼玉（1757）
1701 ～ 1725	47	宮城（110）、山形（207・271）、福島（354・643・7671）、茨城（469・497・590・591・658・771・6223）、栃木（6833・7101）、埼玉（1759）、神奈川（2241・2343）、新潟（7044）、福井（2778）、山梨（2786・2846・2891）、長野（2979）、静岡（3844・3865・3914）、三重（4063）、兵庫（4427・4468・4469・4470・4519）、鳥取（4679・4804・4850・6934）、山口（5579）、香川（5736・5737）、愛媛（5843）、高知（5865・5867）、大分（6711）、宮崎（5978・6026・6072）
1726 ～ 1750	20	岩手（51）、宮城（100）、福島（336・6316・7526）、茨城（664・6195）、栃木（7136）、群馬（1251）、埼玉（1611）、東京（2102）、福井（2768）、山梨（2814・2921）、長野（3140・3334・3352・6791）、兵庫（4510）、鳥取（4684）
1751 ～ 1775	54	宮城（78・101）、山形（214・216・325）、福島（337・370・6308・6309）、茨城（416・602）、栃木（837・7118・7171・7644）、群馬（991・996・1097・1163・1165・1212）、埼玉（1460・1550・1770・1795・6526）、東京（2087）、神奈川（2301・2330）、山梨（2791・2818・2898・7046・7581）、長野（3259・3369・3458・7012）、岐阜（3733・3771）、静岡（3886・7277・7279）、京都（4121）、大阪（4178）、兵庫（4378）、和歌山（7341）、鳥取（4851）、岡山（6489）、広島（5354）、山口（5489）、香川（5739）、大分（5926）、島根（本塔）
1776 ～ 1800	28	山形（224・7355）、福島（7529）、茨城（7344）、群馬（1175）、埼玉（1743・6533）、山梨（2846・2925・7302・7306）、長野（3018・3204・3338・3344・3417）、岐阜（3765）、静岡（3851）、京都（4124）、兵庫 4285）、和歌山（4579）、鳥取（6933）、岡山（6128・6457）、山口（5497・6735）、徳島（5643）、愛媛（5850）
1801 ～ 1825	26	山形（331）、福島（388・6315）、群馬（1006・1044・1113・1282・1284）、新潟（2434・2437）、長野（3421・3422・3423・3424・3370・3386）、岐阜（3676・3727・3737・3738）、静岡（7273）、岡山（5223）、広島（5394・5443）、大分（6698）、宮崎（6048）
1826 ～ 1850	18	岩手（55）、埼玉（1850）、千葉（1947・1948）、山梨（2908・2950）、長野（3373、3425・3426・3585）、岐阜（3638・3806）、愛知（3998）、和歌山（4578）、岡山（4998・5208・6853）、大分（5964）
1851 ～ 1875	12	岩手（7418）、宮城（135）、山形（266）、埼玉（1852）、山梨（2952・2967）、長野（3277・3486）、愛知（3961）、鳥取（4891）、香川（5746）、愛媛（5848）
1876 ～ 1900	2	岩手（7402）、群馬（6280）
不明	17	岩手（7422）、山形（327）、栃木（7076）、埼玉（1832）、山梨（2812）、長野（3183・3442）、岐阜（3713・3743・3811）、三重（4071）、岡山（5002）、山口（5517・5522・5523）、徳島（5678）、高知（6104）
合計	229	

※この一覧表は小嶋博巳編「廻国供養塔データベース」（2010/08/31）に基づき作成した。誤認があるとすれば筆者に責任がある。
※類似資料とは、接待供養、施斎供養、札宿供養、茶所成就供養、接待開基、施志報恩謝徳、報謝宿供養を指している。

が、近世六十六部信仰の進展、そして衰退を考える時、この連動した現象をどのようにみるかである。

私のみるところ、このころの廻国供養塔、そして施宿供養塔建立の盛況は、盛んに廻国を行った六十六部と、それを取り巻く人々や地域社会との関係に、大きな矛盾《むじゅん》はなかったと理解する。つまり、廻国行を実践する人とそれを支えた人々・地域社会とがうまくかみ合う関係にあり、六十六部廻国という巡礼スタイルが一般にも受容され、社会現象化していたとみるのである(7)。

もちろん、一方ではこのころすでに似《に》せの六十六部が現れており、その行為に疑念がもたれ揶揄《やゆ》される対象にもなっていた。しかしながら、この時期の爆発的ともいえる廻国供養塔、そして施宿供養塔の建立からすると、これを打ち消すほどの状況にまで至っているとはいえず、一つの巡礼スタイルとして広く日本全体に受け入れられていたと解釈できる。そこには近世六十六部廻国が果たした一定の役割、すなわち文化的な浸透度なり高揚感がみてとれるかと思う。

本塔は、旧出雲国においてはじめて確認できた、一八世紀後半の近世六十六部施宿供養塔である。建立に及んだ施主は、六十六部への宿の提供者であり、二千人に達したことを記念して建てられた。では、これから派生するもう一つの問題にも触れておく。それはこうして宿を提供された多くの六十六部が直近で納経した対象はどこであったかである。

当地における六十六部の納経先といえば、一番は杵築大社とみて基本的に問題はない。しかし、この時期の具体的な納経場所となると、近くの奉納山であったとするのが妥当と考えている。詳しくは説明しないが、奉納山には一七世紀後半から一九世紀前半まで、もともと杵築大社の境内に存在した納経塔が移されていて、この点を踏まえる必要があるからである。

杵築大社は、いうまでもなく出雲国における近世六十六部廻国の象徴的な納経地である。しかしながら、当地における近世の納経の様相は、途中で納経場所や納経請取状発行者に変化が認められるなど、一様でないことが分かってきた(8)。実態はなお十分に明らかにされていない現状にあり、そのためにも本塔のような資料を丹念に掘り起こしていくことが求められる。

繰り返すが、本塔からは、下見吉十郎の史料や伯耆国大山寺付近の供養塔などとあわせ、杵築、山陰における一八世紀代の六十六部廻国の盛況ぶりがうかがえる。小文ではこれに加えて全国的な施宿供養塔の建立状況をみたが、日本全体としてもこのころが建立のもっとも盛行する段階であったことが確認できた。この点を絡めて記述したのは、本塔が基本的にこの時期の特徴をよく表していることを重ね合わせて示したかったからである。

（1）本塔は拙稿「出雲市奉納山経塚の再検討（2）」『島根考古学会誌』第二九集二〇一二において触れている。

（2）例示資料は、小嶋博巳編『廻国供養塔データベース』および同氏解説「廻国供養塔データベース（2010/08/31）について」による。加えて畠中弘「（中世）第三節　庶民の信仰」『新修米子市史』第一巻二〇〇三、同氏「悲愁の廻国塔」『すていたす』第四号一九八九、内田伸『山口県の金石文』一九九〇などの個別文献を参考にした。筆者が実見し確認したものもある。

（3）愛媛県今治市上浦町今治歴史民俗資料館所蔵史料。

（4）前掲（2）に同じ。

（5）前掲（2）の小嶋編データベース。

（6）前掲（2）の小嶋氏の解説に概要がまとめられている。

（7）付言すれば、これより時代が下ると建立が減少していくことになる。その原因を考えると、一因として次第に両者の関係が乖離する方向にあったと考えるのである。

（8）杵築大社をめぐる六十六部廻国の様相は、拙稿「出雲市奉納山経塚の再検討（1）・（2）」『島根考古学会誌』第二八・二九集（二〇一一・一二）、並びに本書二－4を参照されたい。

4　出雲・石見・隠岐における近世六十六部廻国の様相

日本における巡礼行為の中で、歴史的にもっとも長い距離を歩いたのは、六十六部、単に六部といわれた人々の廻国納経行《ぎょう》である。特徴といえば、長距離ゆえの苦行《くぎょう》度の高い修行という点にある。しかしその一方で、納経地が必ずしも一定しないという、選択自由度の高い修行でもあった。この行為はおよそ中世にはじまり近世において盛んに行われた。しかし、近代に入り最終大正から昭和初年までに全国からその姿を消したとされる。

小文は、この出雲・石見・隠岐の旧三国における（以下、当地方という）、近世六十六部廻国の具体的様相を、彼らが向かった納経地、そしてそこで受け取った請取状（納経状ともいう）に注目しながら明らかにしようとするものである。

(1) 当地方における廻国の概要

表1・2は六十六部が残した廻国請取状で、当地方を廻国したことが確認できる例を取り上げている。最初にこの表と個々の足跡を表した図1・2から、廻国事例の概要をみておきたい。

表1　六十六部廻国聖・請取状にみる当地方の納経順路等一覧

番号	納経者	出身地	回国年代	当地該当年代	当該地の納経順路	納経所数・回国動機・回国成就供養塔建立等	出典
1	妙香尼（行者元秀坊）	大和国（下野国）	承応2年(1653)～4年(1655)	承応3年(1654)	(豊後)→(未詳)太田正八幡→12/15出雲大社→(未詳)隠岐国分寺→(2/13伯耆)	西国36ヵ所の請取状と願文1通。明暦1年（1655）結願供養し一括埋納。	『経塚遺寶』奈良国立博物館1977年、関秀夫編『経塚－関東とその周辺－』東京国立博物館1988年
2	新井得参（新兵衛）	信濃国	元禄14年(1701)～15年(1702)	元禄14年(1701)6月	(筑前)→6/17大田南八幡→6/18出雲大社松林寺→(伯耆)→6/23焼火山雲上寺→(因幡)	2年間で66ヵ所へ納経。同行10人による集団納経。	田代孝「近世六十六部の回国納経－新井得参の納経帳-」『甲斐路№56』山梨郷土研究会1986年
3	吉田弥惣衛門	武蔵国	宝永5年(1708)～7年(1710)	宝永6年(1709)6月～7月	(筑前)→6/21国分寺→6/23南八幡→6/25出雲大社→(7/1伯耆大山寺)→7/1焼火山→(伯耆)	63ヵ国111ヵ所へ納経。正徳2年（1712）回国成就と墓塔の墓碑兼帯建立。	戸倉英太郎「六十六部の納経帖」『ひでばち9』ひでばち民俗談話会1958年
4	乗故	岩代国	宝永7年(1710)～正徳6年(1716)	正徳2年(1712)6月	(6/2伯耆大山寺)→6/3焼火権現→6/13大社→6/1大田南八幡→6/22国分寺→6/26高角人麻呂神社→(長門)	64ヵ国198ヵ所へ納経。	藤田定興「六部行者の納経所について」『福島県歴史資料館研究紀要第13号』1991年
5	丹下弥右衛門	備後国	宝永8年(1711)～享保1年(1716)	正徳2年(1712)10月	(筑前)→10/15南八幡→10/16出雲大社→10/17長谷寺・多かん寺・日御埼社→(10/22伯耆大山寺)→10/24(雲上寺)→(備後)	同時に示威百番観音霊場と四国霊場を巡礼。64ヵ国263ヵ所に納経。	『上下町文化財調査報告書第1集　上下町の石造遺品』広島県甲奴郡上下町教育委員会1979年
6	千野忠右衛門	甲斐国	正徳3年(1713)～享保3年(1718)	享保3年(1718)	(長門)→3/5高角人麻呂社→3/7大麻山尊勝寺→3/10国分寺→3/13大田南八幡→3/15出雲大社松林寺→(伯耆大山寺)→3/25焼火山雲上寺→(因幡)	3年1ヵ月で163ヵ所納経。享保3年11月成就したとして中道左右口の敬泉寺にて供養。	田代孝「近世における廻国納経について－千野家納経帳を中心として－」『甲斐路№56』山梨郷土研究会1986年

7	無休	武蔵国	正徳6年（1716）～享保7年7（1722）	享保6年（1721）7月～8月	（筑前）→7/4高角人麻呂神社→7/15国分寺→7/22大田南八幡→7/26焼火権現→7/30大社松林寺→8/6国分寺→（伯耆）	66カ国337ヵ所へ納経。勢至菩薩像の胎内文書として存在。六十六部行者関係者の造立。	藤田定興「六部行者の納経所について」『福島県歴史資料館研究紀要第13号』1991年
8	松田與平	伯耆国	享保4年（1719）～6年（1721）	享保6年（1721）4月～5月	（帰国？）→4/27清水寺→4/（未詳）国分寺→5/5大社（松林寺）→5/9南八幡→5/15国分寺→5/20鴨山人麻呂社→（長門）	64ヵ国197ヵ所へ納経。動機は回国開始の前年に妻の死亡か。回国終了の翌年（約11ヶ月後）に供養塔建立。	三木治子『六十六部回国行者松田與平納経請取帳』1996年
9	與兵衛	美作国	元文1年（1736）～寛保2年（1742）	元文3年（1738）10～11月　※ただし、出雲・隠岐はなし	（長門）→10/21柿本神社→10/25大麻山尊勝寺→10/27宝幢寺→11/2国分寺→11/（未詳）大田南八幡→11/13石見一宮社→（帰宅）	56ヵ国294ヵ所へ納経。回国2年半前に金龍寺住職の入定が背景か。回国終了の翌年に供養塔建立。	三浦秀宥「六十六部聖」『仏教民俗学体系2　聖と民衆』名著出版1986年
10	中村源右衛門	播磨国	寛延2年（1749）～宝暦2年（1752）	寛延3年（1750）2月～3月	（伯耆）→2/19国分寺→2/21佐陀大社→2/24一宮→2/25日御埼社・出雲大社（松林寺）→2/?南八幡→2/28一宮→3/2高野寺→3/4国分寺→？→(周防)	約2年半、3次にわたる回国。54ヵ国約340ヵ所へ納経。	久下政史「近世三田「の六十六部史料－井ノ草村中村家蔵『日本回国納経帳』及び六十六部納札－」『市史研究さんだ五』
11	権右衛門	安房国	安永4年（1775）～8年（1779）	安永4年（1775）9月～10月	（伯耆）→9/11国分寺→19/11平浜八幡→9/11真名井社→9/11大庭熊野社→9/11神魂社→（未詳）大社→（未詳）隠岐国分寺（代）→（未詳）隠岐一宮（代）→（未詳）焼火社（代）→9/15三刀屋社→9/22南八幡→9/22物部社→9/25大森羅漢寺→10/5大嶋天満宮→10/6大麻山→10/6三隅国分寺→10/9柿本社真福寺→10/9柿本社→（長門）	64ヵ国534ヵ所へ納経。	曽根幸裕「近世の関東における六十六部について－安房国の廻国納経帳から－」『宗教民俗研究6』1996年

番号	納経者	出身地	回国年代	当地該当年代	当該地の納経順路	納経所数・回国動機・回国成就供養塔建立等	出典
12	快順	出羽国	天明3年（1783）～天明8年（1788）	天明7年（1787）4月～5月	（長門）→4/17柿本社→4/21大麻山→4/23長安浄院→今/今国分寺→5/1羅漢寺→5/1物部神社→5/2大田八幡→5/（未詳）出雲大社→5/6隠岐国分寺（代）→5/6由良大明神（代）→5/6焼火山権現（代）→5/（未詳）日御碕社→5/9三刀屋社→5/15月照寺→5/18八重垣神社→5/18神魂大社→5/18伊弉諾社→5/18平浜八幡→5/18国分寺→（伯耆）	5年余りに及ぶ回国。63ヵ国625ヵ所へ納経。	「行者快順の廻国巡拝」『天童市史編集史料第26号』天童市史編纂委員会1981年
13	与吉	駿河国	寛政2年（1790）～5年（1793）	寛政4年（1792）閏2月	（長門）→閏2/7柿本社→閏2/11国分寺→閏2/15物部社→閏2/15南八幡→閏2/18出雲大社松林寺2枚→閏2/18隠岐国分寺・由良社・焼火社（松現寺）→閏2/20三刀屋社→2/21真名井社→2/22平浜八幡→2/22国分寺→（伯耆）	2年ほどの回国。66ヵ国360ヵ所へ納経。	小嶋博巳「近世の廻国納経帳」『生活文化研究所年報11』ノートルダム清心女子大学生活文化研究所1998年
14	文五郎	隠岐国	寛政5年（1793）～11年（1799）	①（隠岐1）寛政5年（1793）6月～7月、②（出雲）寛政6年（1794）3月、③（隠岐2）寛政6年（1794）4·5月、④（石見）寛政7年（1795）3月	①6/（未詳）由良明神→6/19国分寺→7/（未詳）焼火山→（伯耆）、②3/24佐陀社→3/27出雲大社→3/27松林寺→3/28日御崎社→3/28三刀屋社→（未詳）平浜八幡→3/1国分寺→（帰国）、③4/28玉若酢社→5/4大満寺→5/28天健金草社、④（未詳）大田南八幡→3/10物部社→3/11大森明神→3/16国分寺→3/17長安院→3/18大麻山→3/22滝蔵権現→3/23柿本社→（長門）	足掛け7年に及ぶ回国。65ヵ国700ヵ所へ納経。寛政4年（1792）の西ノ島浦之郷村住の村尾喜左衛門の回国成就供養が動機か。寛政12年（1800）に回国成就供養塔を建立。	小嶋博巳「隠岐西ノ島の廻国行者史料」『ノートルダム清心女子大学研究紀要』

15	代田某	信濃国	文化11年（1814）〜13年（16）	文化12年（1815）6月	（安芸）→4/14物部社→4/17三刀屋社→4/19国分寺→（伯耆）	約3年にわたり28ヵ国65ヵ所の請取状が残る。	武田良美「六十六部日本回国」『伊那』517号第19巻第6号、伊那史学会1971年
16	与利蔵	越後国	文化14年（1817）〜文政1年（1818）	文政1年（1818）8月	（伯耆大山寺）→8/9出雲大社→（丹後）	ほぼ1ヵ年の回国。14ヵ国121ヵ所へ納経。	鈴木昭英「近世末期長岡領一農民の日本回国納経巡礼」『長岡市立科学博物館研究報告』第27号1992年
17	常治郎	陸奥国	天保15年（1844）〜弘化4年（1847）	弘化4年（1847）8月〜9月	（長門）→8/23柿本社→9/1国分寺→9/5物部社→9/-南八幡→9/7出雲大社→9/8日御崎社→9/9三刀屋社→9/11一畑寺→9/14佐太社→9/14月照寺→9/14平浜八幡→9/14国分寺→（伯耆）	3年9ヵ月に及ぶ回国。48ヵ国424ヵ所へ納経。	小嶋博巳「隠岐西ノ島の廻国行者史料」『生活文化研究所報告』ノートルダム清心女子大学
18	諸岡長左衛門	下総国	天保15年（1844）〜嘉永1年（1848）	弘化2年（1845）8月〜9月	（長門）→8/6柿本社真福寺→8/7浜八幡勝達寺→住吉社・染羽天石勝社・櫛代賀姫社・二十二社→8/10蔵王権現大麻山→8/17城上・大森大明神→8/21大社摂社末社→8/23鰐淵寺→8/25一畑寺→8/26佐陀社→9/1潜戸社→9/6三保社→（伯耆）	4年数か月に及ぶ回国。49ヵ国480ヵ所へ納経。	高野友治「幕末に於ける詣所の研究－ある廻国行者の納経帳から－」『天理大学学報35〜37』1961/62年

表２　六十六部回国聖・請取状にみる当地方の納経先一覧

番号	納経者	出身地	出雲国																		隠岐国						石見国												
			清水寺	安国寺国分寺	平浜八幡宮	真名井神社	大庭熊野権現	神魂神社	月照寺	美保神社	潜戸社	佐太神社	出雲大社	松林寺	日御碕神社	長谷寺	多かん寺	三屋神社	鰐淵寺	一畑寺	焼火権現	由良比女神社	隠岐国分寺	玉若酢神社	天健金草神社	大満寺	物部神社	大田南八幡宮	高野寺	羅漢寺	城上神社	大嶋社宝幡寺	国分寺	長安院	大麻山神社	高角鴨山人麻呂	染羽天石勝神社	久城浜八幡宮	住吉神社・櫛代賀神社・二十二社
1	妙香尼（元秀坊）	大和国（下野国）											○										○刷					○刷											
2	新井得参（新兵衛）	信濃国												○							代大							○											
3	吉田弥惣衛門	武蔵国												△							代大							○					○						
4	乗故	岩代国												○							代大？							○刷					○			○			
5	（丹下）弥右衛門	備後国												△	○	○	○				代大							○											
6	千野忠右衛門	甲斐国												○							代大							○					○		○	○			
7	無休	武蔵国		○										○							○							○					○			○			
8	松田與平	伯耆国	○	○										○														○刷					○			○			

9	輿兵衛	美作国																							○	○				○	○		○	○			
10	源右衛門	播磨国		○								○		○	○恵			○									○	○	○				○						
11	権右衛門	安房国		○	○	○	○	○						○				○			代松	代松	代松				○	○墨		○		○	○刷		○	○刷			
12	快順	出羽国		○	○	○	○	○	○					○	○松			○			代松	代松	代松				○	○		○			○	○	○	○			
13	与吉	駿河国		○	○	○								○				○				代松					○	○					○			○			
14	文五郎	隠岐国		○	○刷							○	○松	○	○			○			○	○	○	○	○	○	○	○			○		○	○	○	○	○		
15	代田某	信濃国		○														○									○												
16	与利蔵	越後国											○																										
17	常治郎	陸奥国		○	○				○			○	○		○			○		○							○	○					○			○			
18	諸岡長左衛門	下総国								○	○	○	○						○	○											○				○	○	○	○	○

(注)「○刷」は明らかに木版刷りと報告された史料。「○墨」は木版刷りの多い中、明らかに手書きと報告された史料。「代大」は大山寺により代判された資料。「代松」は松現寺（実際は松林寺）により代判された資料。△印は松林寺から発行されたと思われる資料。

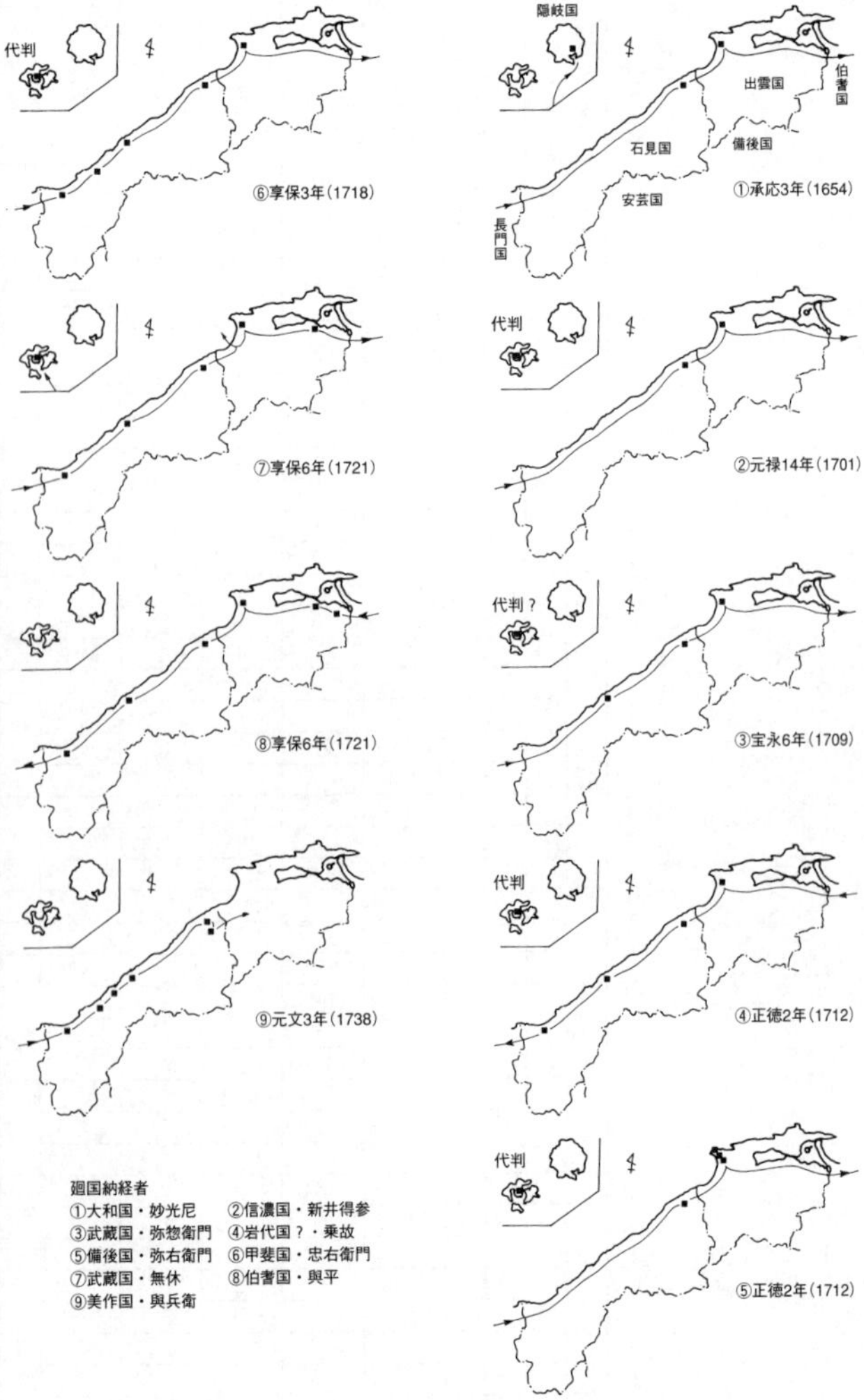

図1　六十六部廻国・請取状にみる当地方の納経地とその変遷（1）

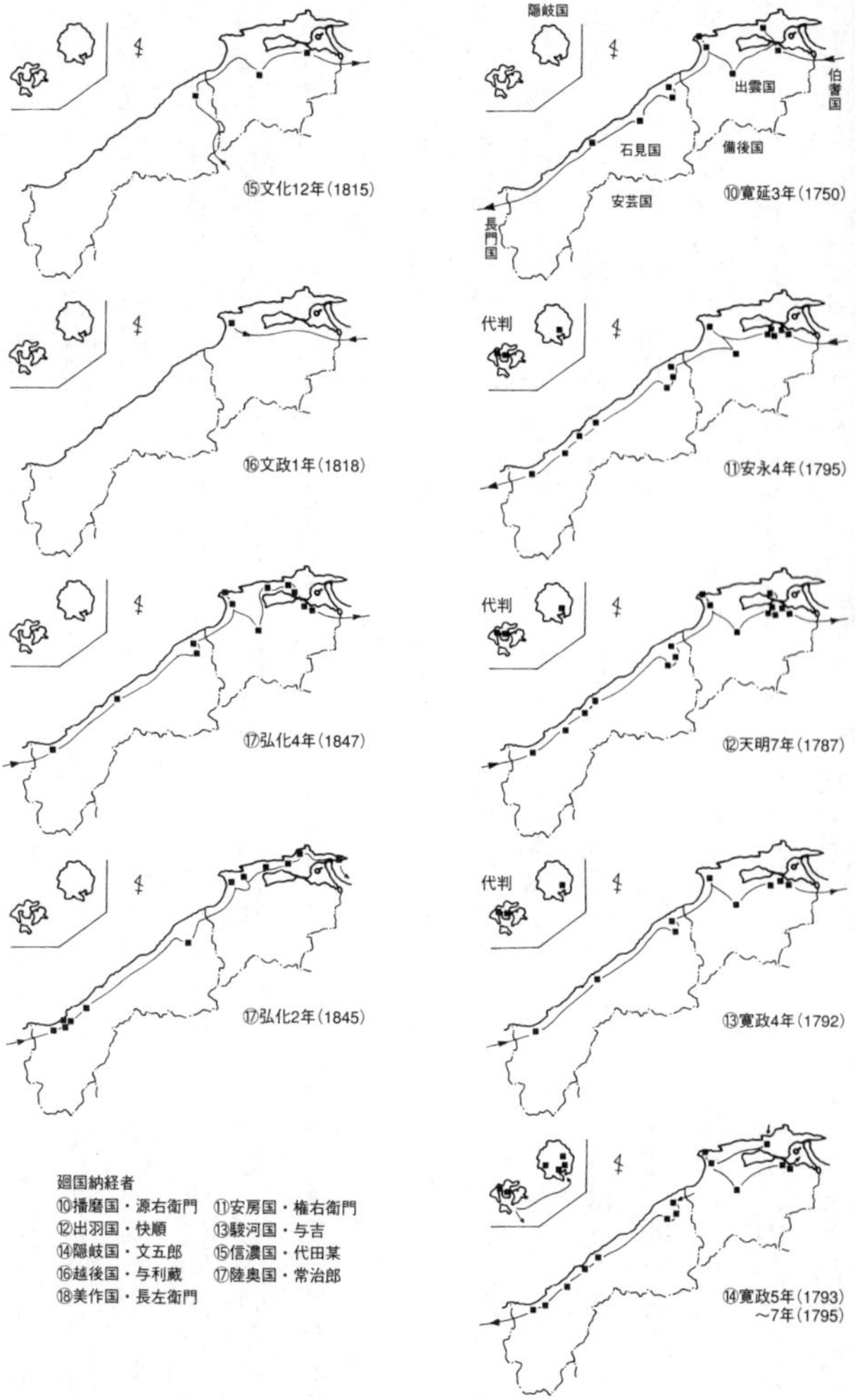

図2　六十六部廻国聖・請取状にみる当地方の納経地とその変遷 (2)

管見《かんけん》におよんだ史料は、一七世紀代が一例、一八世紀代が一三例（うち前半期が八例、後半期が五例）、一九世紀代が四例である。廻国者の出身地は、中部地方を境に東日本が一三例、西日本が五例である。廻国のルートとしては、出雲・石見の両国を伯耆方面から入り、西に向かって長門方面に抜ける例、逆に長門方面あるいは北部九州方面から入り、東に向かって伯耆方面に抜ける例が大半である。もちろん山陽方面から出入りする例もあったことはいうまでもない。また、これに隠岐を加えることになるが、後述するように、隠岐は本州側で代判するか、もしくは渡海しない例がほとんどである。

廻国の時期や廻国に要した期間などは区々《まちまち》である。廻国者への制約（滞在日数など）という点では、出雲は無制限であったわけではない。六十六部の出雲へ入国に当たり、松江藩は一八世紀代、西は口田儀《くちたぎ》、東は安来《やすぎ》荒島の番所において入国管理を行っている。

当地方における納経地の推移をみると、⑩（表中の○数字、以下同じ）もしくは⑨のあたり、およそ一八世紀半ばが区切りとなり増加する傾向にある。隠岐の場合はやや変則的であるが、納経地は一国につき一ヵ所から二、三ヵ所程度であったものが、この時期を境に七、八ヵ所程度に増えている。納経地は、おおむね山陰道筋の比較的近いところにあり、極端に内陸部に入ったものはない。強《し》いてあげれば、斐伊川中流域の三屋神社があり、あるいは島根半島部に幾つかの社寺がやや離れて存在する。

時期にもよるが、納経地にあっては六十六部のほとんどがたずねるところもあれば、向かった頻度《ひんど》の極めて低かったところがある。前者であれば、出雲は出雲大社、国分寺(安国寺)、三屋神社が該当し、石見では大田南八幡宮、国分寺、柿本神社、物部《もののべ》神社がある。また、後者であれば出雲は鰐淵寺、潜戸《くけど》、美保神社、石見では高野《たかの》寺、城上《きがみ》神社、長安院などである。隠岐の場合は、名目上であれば焼火権現の請取状が多い。しかし、先に触れたようにほとんど代判であって、六十六部が実際隠岐へ渡ることは稀《まれ》であった。

(2) 当地方の納経地と請取状

ここでは各納経地について具体的にみることにする。やや煩雑《はんざつ》になるが、近世、当地方において納経地とされたのはどのようなところなのか、またそこではどのような請取状が発行されていたか、旧国ごと、そして納経地ごとにみていきたい。

出雲国

出雲は出雲大社に代表され、江戸時代をとおしての納経地である。これに次ぐところは国分寺（安国寺）、三屋神社であり、その他では平浜八幡宮、日御碕《ひのみさき》神社、真名井《まない》神社、神魂《かもす》神社、佐太《さだ》神社などが認められる。一八世紀前葉からの国分寺の例を除けば、これらはほとんど一八世紀半ば以降の納経先である。

出雲大社は、出雲市大社町杵築の八雲山南麓にあり、記紀をはじめ『出雲国風土記』・『延喜式』にみえる。近世、祭神は大国主神《おおくにぬしのかみ》（大己貴命《おおなむちのみこと》）。出雲の「国中第一之霊神」とされ、一一世紀中ごろに出雲国一宮となった。また近世における大きな変質に、江戸時代前期に実行された神仏分離があり注意を要する。出雲国三十三所札所巡りの特別番外でもある。

請取状の発行者をみると、社家と松林《しょうりん》寺の二とおりある。両者が併存することは基本的になく、前者は一七世紀半ばと一九世紀代のもの、後者はこの間のおよそ一八世紀代のものである。なお二枚で構成される⑭は、両者の名前ながら松林寺の筆跡とされる。

前者は「奉拝礼　出雲国大社天日隅宮《あめのひすみのみや》大神神司」⑭、「出雲国大社大国主大神・末社三拾八所　年行事」⑯、「日本大社　大国主大神大御前　摂社七社　末社三十八社　執事」⑰とあり、後者は「収蔵一乗法大社之影向山印証　松林寺法印」⑦、「謹収一乗法大社之奉納山印証云云　雲州　松林密寺法印」⑧などとある。松林寺は山号を影向《ようごう》山といい、出雲大社の別当寺とされた真言宗寺院である。出雲市大社町杵築に所在。

出雲国分寺は奈良時代に建てられた諸国国分寺の一つである。現松江市竹矢《ちくや》町寺領に所在した。一〇世紀以後、律令制の衰退に伴って退転したとみられ、江戸時代には旧国分寺にも近い安国寺が請取状の発行者となる。安国寺は同市竹矢町にある臨済宗寺院で、山号は宝亀山。初め円通《えんつう》寺と称し、足利尊氏《あしかがたかうじ》の一国一寺安国寺の建立によって、康永四年（一三四五）安国寺と改められた。

請取状は一七二〇年代以降であり、「収納大乗妙典　全部　雲州意宇郡竹矢村天平山国分寺薬師如来　宝前　支配同処宝亀山安国禅寺　役者」⑧、「奉納経　雲州竹矢本尊薬師如来宝前天平山国分寺役者」⑬・⑰などとある。

三屋神社は、雲南市三刀屋町給下《きゅうした》に所在し、『出雲国風土記』・『延喜式』にみえ、祭神は大己貴命である。古くは「三御屋社」・「三屋神社」と呼ばれたが、戦国末期から近世にかけて社名を「一宮大明神」や単に「一宮」と表した。一八世紀半ば以降、出雲大社、国分寺（安国寺）に次ぐ納経地となっており、請取状には「奉納経　雲州　一宮三刀屋神社　神主」⑬・⑭、「出雲国　一宮神社　素戔嗚尊《すさのをのみこと》　広前　執事」⑰とある。

その他、出雲東部の社寺が納経地となるのは、おおむね一八世紀の後半以降である。

平浜八幡宮は松江市八幡《やわた》町にあり、国道九号南側の三笠山に鎮座する。主祭神は応神天皇ら八幡三神。京都石清水八幡宮の出雲国における別宮八社（出雲八所八幡）の一つで、それも特に早い段階の成立で知られる。請取状には「奉納大乗経　雲州八幡　平浜八幡宮　惣検校内役人」⑬、「雲州八幡　平浜八幡宮大広前　惣検校内役人」⑰、「神□（拝カ）　雲陽八幡　平浜八幡宮　惣検校」⑭、木版刷り）とある。

神魂神社は、松江市大庭《おおば》町の神納山の北西方に鎮座し、伊弉冉《いざなみ》尊を主祭神とする。神魂大社、伊弉冉社ともいった。請取状には「神魂大社　伊弉諾《いざなぎ》尊・伊弉冉尊　神主」⑫とある。

真名井神社は、松江市山代町の茶臼山の南東裾にあり、『出雲国風土記』・『延喜式』にみえ、祭神は伊弉諾尊。請取状には「伊弉諾大社　神主」⑫、「雲州天真名井神社　伊弉諾尊　神主」⑬とある。

清水寺は、安来市清水町の清水山山腹にある天台宗寺院で、山号は瑞光《ずいこう》山、本尊は十一面観音である。出雲国三十三所札所巡りの第二一番札所。納経状には「奉納　普門品　一軸　雲州清水寺　観音宝前　松壽院法印空敬」⑧とある。

月照《げっしょう》寺は、松江市外中原《そとなかばら》町西端の山裾にある浄土宗寺院で、歓喜山と号し、本尊は阿弥陀如来。松江藩主松平家の菩提《ぼだい》寺であり、歴代藩主の廟所が並ぶ。請取状には「雲州　御菩提所　歓喜山宝玉殿　月照寺」⑰とある。

出雲西部から島根半島部にかけた寺社も、一八世紀半ばから後半にかけた納経地である。日御碕神社は、島根半島北西端、出雲市大社町日御碕に鎮座し、『出雲国風土記』・『延喜式』に載る。鰐淵寺と同様、『梁塵秘抄《りょうじんひしょう》』に名がみえ、古代末期には修験道場として中央に知られた。境内には神宮寺として恵光院があった。請取状には「御崎両社　十羅切女《ママ》　別当恵光院代判大社松林寺」⑫、「出雲太神宮　日鎮宮天照大日靈貴《おおひるめむち》　神宮神素戔鳴尊両本社　日御崎」⑰とある。

一畑寺は、出雲市小境町の北山山中にある臨済宗寺院で、医王山と号し、薬師如来を本尊とする。古くより薬師信仰と修験の霊場として地域の人々の信仰を集める。出雲国三十三所札所巡りでは番外とされる。請取状には「奉納経根本堂薬師如来御宝前　雲州医王山一畑禅寺　執事」⑰とある。

鰐淵寺は出雲市別所町、北山山地の一峰鼻高山《はなたかせん》の北麓に位置する天台宗寺院で、不浪山（不老山）と号す。本尊は千手観音と薬師如来。出雲国三十三所札所巡りの第三番札所。古くから蔵王《ざおう》信仰の聖地とされ、『梁塵秘抄』に名がみえる。

佐太神社は、松江市鹿島町佐陀宮内の三笠山の麓にあり、『出雲国風土記』・『延喜式』にみえる。請取状には「八雲立国神戸里ニ鎮座　本朝歳徳太御神祖也　大日本国八百万神神在大社

本社三殿（中略）別火勝部連殿内役人」（⑰）、「雲州　佐陀大社　本社三所　正神主従五位下勝部嘉保」（⑭）、「佐陀大社本社三殿　神在祭社是也」（⑱）とある。

三保神社は、松江市美保関町美保関にあり、『出雲国風土記』・『延喜式』にみえ、事代主《ことしろぬし》神・三穂津姫《みほつひめ》命を主祭神とする。また、潜戸《くけど》大明神は同市島根町加賀にある加賀神社で、『出雲国風土記』『延喜式』にみえ、加賀神崎《かんざき》の神窟（潜戸）の神が祀られる。

石見国

石見では大田の南八幡宮が代表的な納経地であり、次いで石見国分寺、柿本神社、物部神社、大麻山神社がある。この他では高野寺、羅漢寺、大島社、長安院、染羽天石勝神社などがある。

大田南八幡宮は、大田市大田町にあり、八幡三神を主祭神とする。境内の六角堂には永正一七年（一五二〇）に造立された六十六部廻国納経のための鉄塔がいまも残る（口絵12）。中から一六八点にも及ぶ経筒等が見つかったことで知られる。当社はこの中世末期の状況を引き継ぐかのように、江戸時代も納経地とされた。近世当初から木版刷りの請取状の発行がみられる。

請取状には「奉納　大乗妙典六十六部之内一部　石州安濃郡　太田正八幡宮　於鉄塔本願聖

奉納所実処仍請取　如件　敬白」⑴、「石州安濃郡大田南宮　八幡大神宮　誉田尊・息長足姫尊・玉依姫命也　奉納大乗妙典一部　於当国一所之鉄塔者也　為二世安楽祈願成就仍券証如件」⑻とある。

石見国分寺は、浜田市国分《こくぶ》町にある曹洞宗寺院で、東光山と号し、薬師如来が本尊。南八幡宮以外では比較的早く納経地となり、一八世紀初めから請取状が確認でき、後半には木版刷りのものもみられる⑾。請取状には「石州国分寺本堂薬師如来　宝前　奉納大乗妙典　一部　東光山別当」⑻、「石見国那賀郡　本尊薬師如来　東光山国分寺」⒄、「奉納大乗妙典全部　本尊薬師如来　東光山国分寺」⒁とある。

柿本神社は、益田市高津《たかつ》町、高津川左岸の鴨山《かもやま》にあり、柿本人麻呂命を主祭神とする。享保八年（一七二三）歌聖人麻呂一千年祭にあたり、正一位柿本大明神の宣下《せんげ》があった。国分寺に次ぎ一八世紀初めには納経地となる。また国分寺と同様、一八世紀後半には木版刷りの請取状が発行される⑾。請取状には「奉神拝　勅願所　正一位柿本大明神太前　石見国高角山　神主」⒄、「大乗妙典　一部　柿本大明神別当真福護国密寺」⑾、「大乗妙典一部　石州高角鴨山人麻呂宮　別当人麿寺法印快信」⑺とある。真福寺は柿本神社の別当寺であり、山号を松霊山といった。明治初年に廃寺となったが、石見国三十三番札所の一九番であった。

物部神社は、大田市川合《かわい》町川合の八百《やお》山麓に鎮座する。『延喜式』にみえ、主祭神は宇摩志《うまし》摩遅《まじ》命であり、石見国の一宮である。請取状には「石見国　一宮　正一位物部大明神社役所内役人」(⑰)、「石見国一宮　正一位物部大明神　八百山神宮寺」(⑬・写真60左参照)、「大乗妙典一部　石見国一宮物部神宮　公文《くもん》所井原右近」(⑨)とある。

大麻山神社は、浜田市三隅《みすみ》町室谷《むろだに》の、日本海を望む標高五九九mのところにあり、『延喜式』にみえる。蔵王《ざおう》権現を本地とする修験の山として栄えるとともに、熊野・走湯・山王・白山の各権現とをあわせ五社権現とも称した。別当寺として真言宗尊勝寺があったが、明治初年の神仏分離で当寺と神社に別かれ、廃寺となった。同寺は石見国三十三所札所巡りの二三番。請取状には「大乗妙典一部　蔵王大権現　別当尊勝寺法印慈円」(⑨)、「奉納大乗妙典一部　石州大麻山　蔵王大権現宮広前　別当尊勝寺役者」(⑭)、「大乗妙典　一軸　蔵王五社大権現　別当尊勝寺」(⑪)とある。

城上神社は、大田市大森町にあり、東側に隣接して石見銀山料の大森代官所があった。『延喜式』にみえ、大森明神ともいわれる。請取状には「石見国迩摩《にま》郡　城上神社大森大明神　神主」(⑭)、「石見国大森城上神社　祭神大巳貴命　大森大明神」(⑱)とある。

羅漢寺は、大田市大森町にある真言宗寺院で、石造の釈迦三尊像と五百羅漢像を安置する石窟があるところとして知られる。請取状には「納経　迩摩郡羅漢禅寺　石窟中釈迦三尊」⑪とある。

高野寺《たかの》は、大田市温泉津町井田にある真言宗寺院であり、山号を醍醐《だいご》味《み》山といい、石見国三十三所札所巡りの三三番。請取状には「法華全部　石見国□向山　高野寺」⑩とある。

大島社は、浜田市長浜町にある通称大島天満宮であり、菅原道真を主祭神とし、市寸島姫命《いちきしまひめ》を配神する。明治初年まで別当寺として真言宗宝憧寺があり、山号を神護山、石見国三十三所札所巡りの二五番であった。請取状には「大乗妙典　全部　那賀郡長浜村大島天満宮別当宝憧密寺」⑪、「大乗妙典　一部　石州那賀郡神護山宝憧寺法印運海」⑨とある。

染羽天石勝神社は、益田市染羽町の益田川右岸にあり、『延喜式』にみえる。かつて滝蔵熊《たきくら》野権現、滝蔵権現といって、明治初年の神仏分離で廃寺となるまで、別当寺の真言宗勝達寺があった。同寺は石見国三十三番札所の二〇番。請取状には「奉納経　石州美濃郡益田庄　滝蔵山大権現広前　別当勝達寺」⑭とある。

櫛代賀姫《くししろかひめ》神社は、益田市久城《くしろ》町にあり、『延喜式』にみえ、櫛代賀姫命を主祭神とし応神天皇を配神する。在地領主益田氏の崇敬《すうけい》が厚かった。

隠岐国

隠岐は出雲や石見に比べると、六十六部の廻国動向はかなり特徴的である。全体として廻国例が少なく、かつ、隠岐国における請取状は代判で済ます例が多い。また、納経地は⑭を除けば、一か所ないしは三か所に限られ、一九世紀代は廻国例が認められない。なお、⑭は地元隠岐出身の六十六部の稀少な記録である。納経地は島前《どうぜん》・島後《どうご》あわせて最大の六か所を数える。

納経先で代表的なのは、島前西ノ島にある焼火《たくひ》権現である。焼火山は西ノ島町美田《みた》にあり、標高四五一mの山頂近くに鎮座する。中世には焼火山権現、焼火山雲上寺《うんじょうじ》などと称し、修験霊場として知られ、また海上安全の信仰を集めた。明治初年の神仏分離により寺号を廃して社号を焼火神社とし、別当が神主を称した。請取状は発行者により大きく二種類ある。

一つは雲上寺が直接請印したとみられるもの。隠岐出身者の⑭を除けば、一八世紀前葉に限られる。⑦が該当し、④もその可能性が考えられる。請取状には「法華経一部　隠陽焼火大権現　別当雲上□法印」(④)、「大乗妙典一部　隠州焼火山大権現　雲上寺請印良賢」(⑦)などとある。

もう一つは代印によるものである。これにはさらに二系統あって、伯耆の大山寺発行とみられるものと(②・③・⑤・⑥)、出雲の松現寺発行のものとがある(⑪・⑫・⑬)。発行された時期をみると、前者が一八世紀前葉、後者が一八世紀後葉である。大山寺は鳥取県西伯郡大山町大山にある天台宗寺院、平安時代に地蔵信仰を中核に発展し、近世初頭には江戸幕府から三千石の寺領が安堵されていた。

また、松現寺はかつて大社にあった真言宗寺院で、山号を平等山といった。出雲大社の請取状を発行していた松林寺の末寺といい、明治六年（一八七三）廃寺になった。宝暦四年（一七五四）の「差出帳」時点ですでに無旦那《だんな》、無住とあって、そのためか松現寺発行のものは実は松林寺の筆跡である（⑪・⑬）。請取状には「焼火山大権現　別当雲上寺　代判雲州松現寺」（⑫）とある。

隠岐国分寺は、奈良時代に建てられた諸国国分寺の一つで、島後隠岐の島町池田にある。本尊は釈迦如来、禅尾山という。明治初年の廃仏毀釈《はいぶつきしゃく》で廃寺となったが、同一二年（一八七九）復興し現在に至る。当寺には一七世紀代の請取状の例があり、しかも木版刷りであって注目される。しかし、一八世紀前半は例がなく、同後半には焼火山・由良比女神社とともに代判によっている。請取状には「奉納大乗妙典六十六部之内一部　右当山者、推古天王御祈願所鎮護国家之霊瑞也、依請取如件　院主□　当住持（刻印）」（①）、「国分寺　本尊薬師如来　代判雲州松現密寺」（⑫）とある。

由良比女神社は、島前西ノ島町浦郷《うらごう》にあり、『延喜式』にみえる。史料では確認できないとされるが、中世隠岐国の一宮とする理解がある。請取状には「由良大明神　代判雲州松現密寺社司真野氏」⑿があり、また、国分寺と由良明神と焼火山を合わせた例で「奉納　本尊薬師如来隠州国分寺　一宮由良大明神社司古賀氏　焼火山大権現雲上寺　代判雲州松現寺」⒀とある。

玉若酢命神社は、島後隠岐の島町西郷下西にあり、『延喜式』にみえる。隠岐国府域に存在したこともあって中世には隠岐国総社とされ、総社大明神とも称した。請取状には「隠州総社玉若酢神社広前　祢宜　祠官」⒁とある。

天健金草《あまたけかなかや》神社は、島後隠岐の島町都万《つま》にあり、『延喜式』にみえる。中世に神格が八幡大神と認識され、八幡社として崇敬を集めたとされる。別当寺に千光寺があり、社僧として祭礼などを担った。請取状には「奉納　隠州越智郡都万院　天健金草神社八幡宮　神主古木監物」⒁とある。

大満寺は、島後隠岐の島町有木に所在する。隠岐諸島の第一の高山摩尼《まに》山の山頂部にあり、山号は摩尼山、本尊は十一面観音菩薩。近世、毎年六月の縁日は高所難所の摩尼山に参拝人が群集したといい、海上安全に霊験あらたかなところとされた。請取状には「奉納経　本尊十一

面観世音菩薩　隠州有木村大満寺」（⑭）とある。

(3) 当地方にみる近世廻国納経の様相と地域的特色

以上、納経地と請取状の例を列記したが、当地方における納経状況とその特色を、これまでに明らかにされた研究成果を踏まえながら、以下五点ほどに整理し検討してみようと思う。

第一点は、納経地の数的変化（増加傾向）である。これまでの研究で六十六部廻国の納経寺社数は、一八世紀半ばあたりを境に大きく増加すると指摘される。この点は最初に触れたとおりであり、当地方も⑩もしくは⑨のあたりからその傾向にあることがわかる。すなわち、出雲は一ヵ所ないし二、三ヵ所程度であったものが、これを境に八、九ヵ所になり、石見も三、四ヵ所のところが八ヵ所ぐらいに増加する。隠岐も代判とはいえ一ヵ所から三ヵ所以上になる。

出雲・石見について付け加えるならば、これより以前も僅かな変化が認められる。出雲では出雲大社の一ヵ所であったところに一八世紀前葉に国分寺が加わる。石見でも大田南八幡宮一ヵ所であったところに同じ時期、国分寺や柿本神社あるいは大麻山神社が加わり複数となる。つまり一七世紀から一八世紀前半の段階であっても、出雲・石見は一ヵ所から二、三ヵ所へと次第に増加する。

近世の時間軸で単純化してみると、当地方の納経地数は一国一ヵ所から一国二、三ヵ所ないしは三、四ヵ所へ、さらに一国八、九ヵ所へと増えていく。そして、その増加傾向の顕著な変化が一八世紀半ばといえる。

第二点は、六十六部の納経頻度が高いとされる一宮・国分寺・八幡宮の納経状況である。これまでの研究によると、国ごとの一宮・国分寺への納経は一八世紀前半から慣例化し、同後半になるとこれに八幡社が加わって三所納経の様式ができあがるとされる。

一宮と国分寺については、国ごとにバラつきはするが、全体的にみればこの指摘から大きく外《はず》れるものではない。国分寺の請取状は、出雲では一八世紀前半から、石見では同初頭から、隠岐では同後半に多くみられるようになる。また、一宮の請取状は、石見は物部神社が該当し、同前半から定着するのがよくわかる。隠岐は一宮が由良比女神社とされて、国分寺・焼火権現とセットとなり、同後半にみられる。

出雲の場合、近世六十六部が一宮をどう捉えていたかという問題がある。一般的に出雲大社を出雲の一宮と考えるが、少し注意しておきたいのは三屋神社であり、一八世紀半ば以降多くの六十六部がおとずれている。当社の意識がどうであったかはさておき、⑮のように出雲大社を抜きにした廻国例があることなどから推して、もしかすると六十六部の中には当社を出雲国の一宮と捉えたケースがあったのかもしれない。

また、一宮・国分寺に八幡社を加えた三所納経スタイルはどうであろう。出雲では一八世紀後半から国分寺と出雲大社または三屋神社に加えて、平浜八幡宮がほぼ慣例化しており、先の指摘がそのまま当てはまる。しかし、石見ではこのとおりでないことは明白である。ここでは大田南八幡宮が八幡社であり、近世の初めから、そしてそれ以前から納経地であった点において様相は異なる。

とはいえ、大田南八幡宮を改めて複数納経が慣例化する近世の流れでみると、一八世紀前半からはそうした中での納経地の一つ、それも一宮・国分寺と並ぶ八幡社としての意味合いでめぐる傾向が、次第に強くなったのではなかろうか。これが正しい理解であるとすれば、先の指摘も石見に適用されてよい。

請取状をみるかぎり、当社は⑧まで石見東部にあって独占的な納経地である。しかし、⑨からは一方で比較的近くにある物部神社でも納経が行われるようになり、当社だけに限定される状況ではなくなる。石見全体としてみると、それはまさに一宮・国分寺に八幡社を加えたかたちの、複数納経の様相を呈している。以後それが石見でのポピュラーな納経スタイルとなるが、一九世紀代に入ると、当社は納経地として選択されないケースも現れる(⑮・⑯・⑱)。それまで納経が常態化していた南八幡宮にはみられなかった現象である。

第三点は、地域的特性の一つとして押さえておきたい、出雲大社の納経地としての位置と、請取状の発行経過である。出雲大社は、発行者の問題を別とすれば、基本的に近世を通して納経地であった。石見では大田南八幡宮が同じような地位にあったといえるが、先にみたように一九世紀に入ると必ずしも絶対的な納経地とはいえない状況である。それに比べ出雲大社は、ごく一部の例を除き⑮、近世を通じてゆるぎない聖地であったと確かめられる。

ただし、請取状の発行経緯からすると、明らかに変遷しているのがわかる。すなわち、一七世紀段階では社家によったが、一八世紀段階は基本的に松林寺からのものである。そして、それが一九世紀段階になると、ふたたび社家から発行された。

重要なのは、こうした変化がどのような理由、あるいはどのような背景のもとに生じたかである。多分にそれは江戸時代前期に実施された当社の神仏分離が深く関係していると考える。六十六部の廻国納経行は、基本、日本全国を対象に巡り歩き、納経地と定めたところに法華経を奉納することであり、いわば仏教的な行為であった。それは途中で形骸化したとはいえ、中世も近世も変わることなく行われた。

出雲大社の神仏分離は、明治政府の神仏分離政策をまつまでもなく、江戸時代前期の寛文年間に実施されたことで知られる。それは境内から仏教色が一掃されるほどの徹底したものであった。この神仏分離以前、出雲大社が六十六部の納経行為を受け入れていた事実は、次の①の請取状から明らかである。

「出雲国　大社宝前　奉納大乗妙典一国三部　右依善根之功力　二世成就何疑有之乎　仍請取状　如件　承応三年十二月十五日　奉行　佐草宮内（花押）　妙光」

承応三年（一六五四）のこの請取状は、大和国住の願主妙光（香）尼に対し（実際に廻国したのは下野《しもつけ》国の元秀坊）、大社上官《じょうがん》家の佐草《さくさ》宮内が発行したものである。ここでは大社宝前における大乗妙典（法華経）の奉納が、現当二世の善根にあたること疑いなしと記されている。因みに奉行佐草宮内（自清）は、後の神仏分離の方向性において主導的な役割を果たした人物とされる。

すでにみたように、その後請取状は、長らく社家の名で発行されることはなかった。神仏分離を契機に、六十六部の仏教的行為は出雲大社にとってふさわしくないとされたのではないかと想像する。実際には、六十六部はその後も大社の境内に姿を現していたであろう。しかし、神仏分離以後は、当社からするとそれは関与すべき存在でないとされたと考えられる。

一方、六十六部にとっては廻国する以上、納経の証となる請取状が必要であった。そのため松林寺がこれに代わって請取状の発行者となったと推察する。神仏分離によって両者の関係は断ち切られたとはいえ、出雲大社の旧別当寺であった松林寺が六十六部納経の受け入れ先となったのはごく自然な展開であったと考える。

大社の請取状は、一九世紀になると再び社家によって発行された。今度はこの段階での転換をどのように理解したらよいかである。そこには近世後期において盛んになった出雲大社の宗教活動、大国主命信仰の広がりが関係しているように思われる。

出雲大社は近世後期、御師《おし》と呼ばれた社家の布教活動によって、農業神や縁結びの神としての大国主命信仰が全国に広がりをもった。一九世紀代になると、こうした出雲大社の信仰の進展が、六十六部の存在やその納経行為に対しても寛容となり、ふたたび社家側から請取状が発行されるようになったと考える。

ちなみに⑯は、出雲大社が当地方で唯一納経地となった例である。越後《えちご》の農民が行ったこのケースは、大国主命信仰の聖地であったことが出雲大社をえらんだ大きな理由と考えられている。

第四点は、これも当地方固有の問題である隠岐の特性と、それを支えた代判システムである。すでにみてきたように、隠岐の場合は離島であるという地理的条件からか、納経先とされることが稀であった。特に一九世紀代になると、史料上納経先は皆無である。また、極めて特徴的なことに、発行された請取状は多く代判によるものであった。

六十六部の納経に代判というシステムがあり、それが隠岐と佐渡の場合にあったことは、すでに先学によって指摘されたところである。注目されるのは、隠岐における代判の経過であり、時期によって発行者が異なるのである。少なくとも一八世紀前葉においては伯耆国の大山寺から、同後半になると出雲国の松現寺（実際には松林寺）から発行されていた。焼火権現と大山寺は本地仏なり本尊を同じ地蔵菩薩としていたこと、あるいは焼火権現と松現寺（松林寺）は同じ真言宗であったことが共通項としてあがる。しかし、大山寺にしろ松現寺（松林寺）にしろ、なぜ一八紀半ばに両者が入れ替わることになったのかは、今後の検討課題としたい。

最後、第五点は請取状にみる六十六部の納経地と、札所とされた他の巡礼地との関係である。当地方とは直接結びつかないが、これまでの研究によると、一八世紀後半以降になると西国・坂東・秩父・四国といった巡礼札所との併修《へいしゅう》が常態化し、こうしたところへの納経が顕著になると指摘される。

巡礼札所を地方レベルで考えた場合、当地方にも近世後期において盛んになった、いわゆる三十三所札所巡りがある。すでにみてきたように、一八世紀以降に増加した納経地の中には札所に該当するところが少なくなく、六十六部の複数納経と無関係ではないように思われる。

出雲における納経地で、三十三所札所であったところには、一番の長谷寺、三番の鰐淵寺、二一番の清水寺があり、番外の一畑寺、特別番外の出雲大社もこれに加えることができる。また、札所ではないが、その順路に沿ったところの他の寺社も考慮してよいであろう。文化一四年（一八一七）板行の「出雲札三拾三所道法順附絵図」には、三十三番札所に加えて、順路上での社寺や名所が記されるが、その中の意宇郡の国分寺（竹矢安国寺）、八幡社（平浜八幡宮）、加賀のクケト（潜戸）、秋鹿郡宮内の佐陀大社、簸川郡の日御崎社、飯石郡三刀屋の一宮は、一九世紀代の納経先と重なっているのである。

石見の場合もすでにみたとおりであり、納経地には石見国三十三所札所とされたところがあった。一九番の柿本神社真福寺、二〇番の染羽天石勝神社勝達寺、二三番の大麻山神社尊勝寺、二五番の大島神社宝憧寺、三三番の高野寺がそれであり、一宮の物部神社にも五番の神宮寺が伴っていたことで知られる。

一八世紀半ば以降に盛んになった複数納経にあって、一宮・国分寺・八幡社、あるいは主たる霊場以外で、納経地がどのようにして選択されたかを明確にすることは困難かと思われる。しかし、いまみてきたように、その中には当地方の観音霊場地と重なるケースが少なからずあるとわかる。六十六部がそれを視野に入れつつ、納経地に選んだ可能性は十分に考えられる。

併修とはいわないまでも、当時、参詣人を集める出雲・石見における各観音霊場地で、六十六部の廻国ルート上、比較的近くにあるものについては、納経地に加えられることがあり得たと想像する。

小稿は近世六十六部の廻国納経について、出雲・石見・隠岐という旧三国の地域的様相を検討したものである。ここで述べてきた多くはこれまで六十六部をめぐって明らかにされてきたことの追認に終始したかと思われる。とはいえ、当地方の六十六部納経パターンや推移が、すでに指摘されてきたところの一般的傾向とほぼ同じであると、当地の史料に即して確められたこと、これも一つの成果といえるであろう。

また、ここでは六十六部廻国にみる当地方の地域的特色についても幾つか言及した。すなわち、出雲における出雲大社の納経地としての変わらぬ地位や、神仏分離が契機とみられる近世の納経請取形態の推移、隠岐における地理的・歴史的特性を背景にした納経状況と代判システムの推移、石見におけるとりわけ大田南八幡宮の納経地としての地位とその推移、あるいは当地方全体における複数納経と、地域巡礼である出雲・石見両国の三十三所札所巡りとの重複、といった点である。

六十六部をめぐっては、なお地域レベルでの検討が課題としてあるように思われる。今後は廻国請取状だけでなく廻国供養塔・六十六部縁起などの他の資料も加えながら、あるいは中世にさかのぼってその連続性や非連続性といった観点からも分析してみたい。

（主要参考文献）

・小嶋博巳「研究ノート　六十六部に関する二、三の覚書」「ノートルダム清心女子大学生活文化研究所歳報一」一九八七

・小嶋博巳「近世の廻国納経帳」『ノートルダム清心女子大学生活文化研究所年報一二』一九九九

・小嶋博巳「日本廻国の旅と信仰」『浅草寺仏教文化講座』第四四集二〇〇〇

・田代　孝「六十六部廻国納経の発生と展開」『巡礼論集2　六十六部廻国巡礼と諸相』二〇〇三

・藤田定興「六十六部聖・行者の廻国目的とおこない」『巡礼論集2　六十六部廻国巡礼と諸相』二〇〇三

・『佐草家文書目録』島根県古代文化センター二〇〇三

・『日本歴史地名大系三三　島根県の地名』平凡社二〇〇一

・『神国島根』島根県神社庁一九八一

・『島根県大百科事典』山陰中央新報社一九八二

その他、各廻国事例で参考にした文献は表中に表した。本文で示した請取状は一部を除き、各論文からの引用である。本来ならば原史料個々に当たり全文を明らかにしたうえで使用すべきであるが、ここでは主要な部分が分かればよしとして利用した。引用文献の記載内容に軽重があることは承知のうえである。もし史料の扱いに誤りがあるとすれば、筆者に責任があることを断っておく。

三、弁慶伝説のある風景

64 「懐橘談」を著した黒沢石斎は、神門湖（いまの神西湖）あたりの弁慶伝説地に立ち、漢詩を読み上げるとともに、「弁慶は古今の勇者、人のあまねく知れる事なり」と記した

1　出雲地方の弁慶伝説（1）

弁慶といえば、どんな場面や人物像を思い起こされるであろう。五条大橋の牛若丸《うしわかまる》との出会いや、安宅《あたか》の関で勧進帳《かんじんちょう》を読み上げる場面、なかには「弁慶の泣きどころ」、「弁慶がな、ぎなたを持って」（ぎなた読み）といった関連用語を連想される方がいるのかもしれない。

ところで、弁慶は出雲で生まれた、それも本人みずから語った、といえばそんなのはじめて聞いた、と返ってくるに違いない。でも、決して嘘ではない。物語の世界では、かつてもっともな話として存在した。

弁慶の誕生地は、幾つか知られている。紀伊《きい》、近江《おうみ》、伊勢《いせ》、それに出雲である。そのなかにあって、もっとも有力なところは、現和歌山県の紀伊国である。しかし、伝承の豊富さでは、出雲は引けをとっておらず、〝生誕地〟が主張できる二大候補地といってもおかしくない。

松江市本庄《ほんじょう》地域では、弁慶の誕生地を枕木《まくらぎ》山周辺とする伝承が、いまも語り継がれている（口絵14～16）。地域興《おこ》しの素材にもなっている（口絵17）。

弁慶伝説がこうして出雲地方に豊富にあるはどうしてなのか。それなりの歴史的な経緯や背景があるからではないのか。

出雲地方の弁慶伝説は、これまで口《こう》承《しょう》文芸など民俗学の分野を中心に取り上げられてきた。これを史料から遡《さかのぼ》ってみていくと、どうなるのであろう。

年代がはっきりするもっとも古い史料は、天正三年（一五七五）の「中務《なかつかさ》大輔《たいふ》家久公御上京《いえひさこうごじょうきょう》日記」である。舟で中海をゆくと枕木山がみえ、弁慶の住したところとある（口絵18）。また、慶長年間のころには、毛利輝元《もうりてるもと》が佐世元嘉《させもとよし》を介して、鰐淵《がくえん》寺にあった弁慶が認《したた》めたという書状を提出させ、没収した経緯が知られる。

家久にしろ輝元にしろ、なぜ彼らは弁

65　幸若舞曲「四国落」本（東京大学総合図書館蔵、霞亭文庫より）

慶に関心を示しているのであろう。

江戸時代に入ってからも、『懐橘談《かいきつだん》』を著した黒沢石斎《くろさわせきさい》は、弁慶が硯《すずり》という伝承地で（神西《じんざい》湖）、弁慶のことをふと漢詩にまで詠んだ。弁慶のスケールの大きさや魅力を表そうとしたように思われる。

出雲地方の弁慶伝説がもっとも豊富にみられるのは、享保二年（一七一七）に成った『雲陽《うんよう》誌《し》』である。しかし、ここに載る以外にも伝承地があったことが他の史料からうかがえる。

例えば、いまの安来《やすぎ》市荒島《あらしま》あたりの巨岩にまつわる伝説である。百人がかかっても動きそうにない白い石を、弁慶は背負ってきたのだと。

歴史とは違うが、伝承・伝説の世界も、もう一度歴史的な目でみていく必要がある。出雲地方の弁慶伝説は、いつごろからどんなかたちではじまり、広がったのか。

因みに、弁慶が出雲の出身であると自ら口上してみせたのは、室町時代に形成されたとされる、幸若舞曲《こうわかまい》「四国落《しこくおち》」である。これによる影響は少なくなかったとみている（→二―4）。

2　出雲地方の弁慶伝説（2）

出雲地方は弁慶伝説の宝庫である。でも、このことが島根では意外と知られていないのではないかと思ったりする。弁慶が出雲で出生したという話はなおさらで、かなりの方から「ええそうなの?」と聞き返されるに違いない。

弁慶伝説なるものは全国的にみられ、島根県下にあっても例外ではない。否《いな》むしろ、酒井董《ただ》美《よし》氏の研究で知られるように、他に比べるとかなり豊富である。弁慶にまつわる伝承地は、出雲東部に限っただけでも松江市や安来市にあり、県境を越えれば鳥取県の米子《よなご》市や大山《だいせん》町にも残されている。詳しくは述べないが、その分布からみると、特に中海周辺に広がっているのが注目される。

また、弁慶に関わる「遺品」を伝えるところがある。出雲市の鰐淵寺には弁慶が負ったとされる笈櫃《おいびつ》や〝自画像〟なるもの(口絵20)が知られている。数年前のこと、石見地方のあるところで弁慶が認《したた》めたという古文書を拝見する機会があった。これには自筆に間違いないと識者の〝極《きわめ》書〟(鑑定書)が伴っていた。これなど、江戸時代弁慶が広く愛されていた一つの証拠といえるかと思う。

私が出雲地方の弁慶伝説に関心を持つようになったのはかなり前である。きっかけは、江戸時代の出雲地方の地誌『雲陽誌』をめくるうち、出雲各地に弁慶伝説があることを知ったからである。なぜこれほど豊富なのか、素朴に疑問をもった。

また、同じく当地方の地誌『懐橘談』には、「弁慶は古今の勇者、人のあまねく知れる事なり」とみえる。どういうわけで弁慶は当時これほど人気者(?)だったのだろう、面白いと思った。

弁慶伝説はこれまで口碑《こうひ》伝承など民俗学を中心に語られてきた。これを史料からみたときにはどういうことがいえるのか。つまり、史料に即《そく》して考えると、成立の事情や広がる契機がどのように説明できるかである。それに、そもそも史料にはどんなものがあるのか、気になっていた。

近年になり、管見《かんけん》の限りで史料をまとめ検討を加えるなどして、自分なりの考えを『山陰民俗研究』に発表しつつある。一端は昨年五月五日付けの本紙文化欄「いまどき島根の歴史」に書いたりした(→三-1)。中には目を通された方もあるであろう。

伝説は伝説であって歴史ではない、といえばそれまでである。でも、出雲地方を舞台とする弁慶伝説が生まれ広がる背景には、それなりの歴史的な事情や経緯があったのではないか。

3　史料からみた出雲地方の弁慶伝説　史料の時系列化

出雲地方における弁慶伝説について、史料を時系列でみたときにどのようなことがいえるのか。その前に、このことがみえる史料が実際にどれだけあるのか、そしてまたそこにはどのように記されているか、確かめたいと思う。筆者の知る限りで、資料はいまのところ以下のAからMまで一三件ある⑴。

A「四国落」(幸若舞曲)

幸若舞曲は、一六世紀ごろから一七世紀の半ばごろにかけて流行した語り物芸能。「四国落」は別名「義経《よしつね》四国落」ともいい、幸若舞曲の中では「軍記物語系」の「義経物《ぎけいもの》」の一つに分類、成立年代は年未詳ながら室町期とされる⑵。

研究史上は、過去に島津久基氏が一覧表で紹介したぐらいであり(文献№③、一覧表参照、以下同じ。)、当地方で取り上げられたことはない。年紀がはっきりするという点では、Bの日記が古いが、出雲地方に関係して物語が形成された文芸史料ということにおいては、もっとも古

（別表）出雲地方の弁慶伝説が扱われた文献一覧

No.	著者名・書名・論文名・刊行年等
①	奥原福市編著『八束郡誌』本編、大正15年（1926）
②	『島根県口碑伝説集』島根県教育会、昭和2年（1927）
③	島津久基『義経伝説と文学』明治書院、昭和10年（1935）
④	『島根二千六百年史』今井書店、昭和15年（1940）
⑤	佐藤徳堯『山陰の民話　第三集』山陰日日新聞社、昭和32年（1957）
⑥	曽根研三『鰐淵寺文書の研究』鰐淵寺文書刊行会、昭和38年（1963）
⑦	石塚尊俊他編『日本の民話12　出雲の民話』未来社、昭和33年（1958）
⑧	清水兵三編著『出雲の民話民謡集』第一書房、昭和40年（1965）
⑨	伊藤菊之輔「武蔵坊弁慶」『島根県人物事典』、昭和45年（1970）
⑩	石塚尊俊編著『出雲隠岐の伝説』第一法規出版、昭和52年（1977）
⑪	酒井董美・萩坂昇『日本の伝説48　出雲・石見の伝説』角川書店、昭和55年（1980）
⑫	島根大学昔話研究会編『島根半島漁村民話集（Ⅰ）－御碕・宇龍・鵜峠・鷺浦・猪目・河下－』、昭和56年（1981）
⑬	酒井董美「弁慶伝説」『島根県大百科事典』下巻、山陰中央新報社、昭和57年（1982）
⑭	野村純一編『日本伝説大系　第十一巻－山陰編－』、昭和59年（1984）
⑮	酒井董美「出雲地方と弁慶伝説」『季刊文化財』第53号、島根県文化財愛護協会、昭和60年（1985）
⑯	酒井董美「出雲地方の弁慶伝説について」、平田市教育委員会『日新富有－平成三年度市民大学講座　事典歴史講座集録集－』、平成4年（1992）
⑰	石塚尊俊「弁慶伝説」『出雲市大津町史』、平成5年（1993）
⑱	畠中　弘「山陰の弁慶伝説」『安来市史研究紀要（三）』安来市教育委員会、平成5年（1993）
⑲	『郷土誌　ふるさと本庄』本庄地区町内会連合会、平成6年（1994）
⑳	山﨑裕二・的野克之他『浮浪山鰐淵寺』浮浪山鰐淵寺、平成9年（1997）
㉑	酒井董美「武蔵坊弁慶」『島根県歴史人物事典』山陰中央新報社、平成9年（1997）
㉒	酒井董美「出雲地方と弁慶伝説」『山陰の口承文芸論』三弥井書店、前掲⑮を収録。平成11年（1999）
㉓	『美保関街道を行く－歴史と伝承の道－』松江郷土館、平成12年（2000）
㉔	片岡詩子「弁慶伝説」『玉湯なんでも大事典』玉湯町教育委員会、平成12年（2000）
㉕	立花書院『中海の民話』、平成15年（2003）
㉖	石塚尊俊他編『新版日本の民話12　出雲の民話』未来社、平成27年（2015）。初版は昭和33年（1958）。
㉗	「懐橘談」『出雲文庫第二編　懐橘談前後篇・隠州視聴合紀』松陽新報社、大正3年（1914）
㉘	『雲陽誌』大日本地誌大系（四二）雄山閣、昭和46年（1971）。同5年（1930）のものの復刻版。
㉙	「出雲鍬」『松江市史　史料編5　近世Ⅰ』松江市、平成23年（2011）刊。

＊本表は、拙稿「史料からみた出雲地方の弁慶伝説—（承前）参考文献と研究の現状—」の参考文献を一覧表形式にまとめたものである。ただし、個々の内容紹介部分は割愛した。また、その際漏らしていた文献2つ（④・㉔）を加えているため、今回全部で27から29に修正した。なお㉗・㉘・㉙は史料D・H・Iの出典文献である。

く遡《さかのぼ》る。と同時に、これが当地における弁慶伝説のその後の展開を知る上で、重要な役割を果たしたと考えている。

該当部分は、義経が都《みやこ》落ちし、御座《ござ》船で四国にわたる途中、途中暴風雨にみまわれ、弁慶の必死の祈祷《きとう》によって難を逃れ、平家の怨霊《おんりょう》が退散する場面である。弁慶自ら口上で、出雲国の枕木山の里で生まれ、育ったところが京の三條京極《さんじょうきょうごく》、学問をしたのが天台山《てんだいさん》(比叡山の別称)であると述べる。また出自《しゅつじ》については右大臣小野《おのの》篁《たかむら》の末孫、紀州田辺の別当たんぞうが嫡子《ちゃくし》であって、悪魔降伏の貴僧として生まれたとする。

B「中務《なかつかさ》大輔《たゆう》家久公御《いえひさこうご》上京《じょうきょう》日記」

家久は戦国期の武将で、天文一六年(一五四七)〜天正一五年(一五八七)の人。薩摩《さつま》の領主島津貴久《たかひさ》の四男であり、義久《よしひさ》の弟、又七郎家久といった。天正三年(一五七五)の二月から七月にかけて、伊勢参宮の目的もあって上洛《じょうらく》し、連歌師《れんがし》里村紹巴《さとむらしょうは》らと交流した。その折の旅日記である(3)。

該当部分は京都からの帰途、同年六月二二日の記事である。前日、大山《だいせん》参詣などして米子《よなご》で泊まった。当日の明け方、舟で中海を出雲の馬潟《まかた》村で関料をとられていくと、手前に大根島、その向こうに枕木山がみえ、「枕木山とて弁慶の住し所有」とある。

研究史上、これも取り上げられたことはない。遠国の者が記した日記ではあるが、当地にあって実際に記録したもの、そして年代がはっきりする史料としては、これがもっとも古い。A、Cなどとの関係で、すなわち初期のころの弁慶伝説を知る上でこれも重視したい記録である。

C　佐世元嘉《させもとよし》書状および某書状

出雲市別所町《べっしょ》にある天台宗の古刹、鰐淵寺が所蔵する文書中にあり、昭和三八年（一九六三）、曽根《そね》研三氏が文献⑥の中で紹介した（同三八四号・三八五号）。年未詳ながら慶長三年（一五九八）頃かとされる(4)。佐世氏ははじめ尼子《あまご》氏、後に毛利氏に仕えて重用されたことで知られる。両通があることによって、弁慶伝説と毛利氏との関係がうかがえる貴重の史料である。

三八四号は佐世元嘉が主君毛利輝元の御用として当寺にあるとする義経・弁慶および西行《さいぎょう》の古筆物の提出を求めたものである。また、三八五号は某氏が和多《わだ》坊に対し、義経書状（弁慶自筆状（写）の「左衛門少尉佐々木某書状」をさすようである）は、弁慶手跡のものと極めるとともに、これを輝元へ進納したことを告げるとした内容のものである。近年ではこの史料を山崎裕二氏が文献⑳や講演資料で取り上げている。

D『懐橘談《かいきつだん》』

同書は、松江松平藩主初代直政の侍儒《じじゅ》、黒沢三右衛門弘忠（石斎）の編著。出雲国内を巡り見聞した記録を江戸にいる母に報告したものとして知られる。H・Iと並び、近世出雲地方を代表する地誌(5)。本書には二か所に該当記事があり、一つが上巻の島根郡枕木の条、二つが下巻の神門《かんど》郡神門湖の条である。

前者は、枕木山華蔵《けぞう》寺の寺僧が語るとして、弁慶が枕木の里の生まれであることをはじめ、弁慶島や永見《ながみ》の弁慶産水《うぶゆ》、母の墳墓といった伝説を記す。因みにここでは、弁慶の父は意宇《おう》郡熊野《くまの》山の人とある。後者は、日本海に通じた入海である神門湖（神西湖《じんざいこ》）に、「弁慶が硯」というところがあり、いまでは里の通路の橋になっているという。後者で注目されるのが、石斎がここに立ったとき、「弁慶は古今の勇者、人のあまねく知れる事なり」と記すとともに、七言《しちごん》絶句《ぜっく》の漢詩を詠んでいることである。

E『後太平記《のちたいへいき》』

本書は多々良《たたら》一竜（南宗庵）が編集した軍記物語。四二巻目録一巻からなり、延宝五年（一六七七）の刊(6)。該当記事は巻第四〇にあり、尼子方の武将山中鹿介《しかのすけ》と毛利方の武将品川狼介《おおかみのすけ》が勝負する段に、弁慶が間接的に登場する。日本無双の勇者とされる鹿介を、毛利方の誰が討ち取るかという筋書きの部分である。

鹿介は小さいときから今《いま》弁慶と呼ばれて恐れられていた。それもそのはず、鹿介は出雲国鰐淵山の麓の弁慶が育った屋敷に生まれたとする。しかも一月越えると歩みはじめ、二か月過ぎると食事もはじめ、八才にして敵を討ったというから、人並み外れた成長ぶり、豪腕ぶりである。

これも研究史上取り上げられたことはないが、弁慶像が山中鹿介との関わりで描かれ注目される。因みにこの記事は、Hの楯縫郡別所の鰐淵寺の条に引用されている。そこでは、これをもって考えれば弁慶はこの辺りで成長したようだと、肯定的な捉え方がなされている。

F「因州記行《いんしゅうきこう》」

津和野《つわの》藩士である湯《ゆ》新兵衛正山が、藩主の命により因幡《いなば》国鹿野《しかの》に出向いた際の旅日記である。島根県立古代出雲歴史博物館が所蔵する史料(7)。これ自体初公開になるが、該当する箇所は正徳元年(一七一一)一月の記事である。ここには従来知られていない弁慶伝説も語られていて興味深い。

湯正山が、松江の城下から米子《よなご》方面に向かう途中、おそらく意東《いとう》から荒島《あらしま》辺りにかけてのこと、話者が誰なのかまでは分からないが、彼がその道中で見聞きした二つの弁慶伝説に関係する記事である。

一つは弁慶の出生地にかかわる話であり、枕木山の麓の「まねそ」(本字は麻尓祖とする)の牧《まき》としていること。この牧は、隠岐国から渡る牛馬を、まずここに放し置きて、諸国から人が来てこれを買い求め去ったところとある。

これは或る人の物語にとしているが、同じようにこの牧(摩尼組の牧)を弁慶誕生の地とする話は、後述のJやIの島根郡千酌《ちくみ》の条にもみえる。

もう一つは、この地点には弁慶伝承を物語る、具体的な「遺跡」があること紹介している点である。すなわち、道の傍《かたわ》らに(進行方向、向かって右側)、弁慶が背負って来たという、およそ百人がかかっても動きそうにないほどの大きな白石があると記す。

G『和漢三才図会《わかんさんさいずえ》』

同書は一八世紀前半、正徳から享保の間に刊行された図入りの百科事典で、大坂の医師寺島良安が三〇余年かけて編纂したもの。正徳二年(一七一二)の自叙があり、全百五巻八一冊からなる。天・地・人の地の一部、第七八巻中に出雲の記載がある(8)。

良安は目録でまず、出雲国の神社・仏閣・名所として七項目を挙げる。杵築《きづき》大社、日御碕社、佐陀神社、土師天神、雲樹寺《うんじゅ》国済国師、土産、そして武蔵坊弁慶である。ただし、本文中では「鰐淵寺」の項をあげ、そこで弁慶が学生の地と伝わると記している。同書は、学問的立場というよりは常識的立場を探るものとして紹介されているという。

なお、ここでは鰐淵寺は枕木山にあるとされ、情報に混乱がみられる。これが当時上方《かみがた》での常識的な理解となっていたのかもしれない。

H『雲陽誌《うんようし》』

同書は近世出雲国の代表的地誌であり、黒沢長尚編になる。享保二年(一七一七)成立で、国内十郡を島根・秋鹿《あいか》・意宇・能義《のぎ》・仁多《にた》・大原・飯石《いいし》・出雲・楯縫・神門の順に記す(9)。当地方の弁慶伝説を歴史的に語る上で、もっともポピュラーな史料であるとともに、伝説地が国内に点々と広がっていたことがわかり貴重である。

該当箇所は、島根郡六か所(新庄「鍛冶床《かじ》」・本庄「立岩」・野原「弁慶島」・長海《ながみ》「杵田明神」・同「水神」・北浦「魔那枯山」)、仁多郡一か所(湯村「硯水」)、楯縫郡二か所(小境《こざかい》「弁慶が立石」・別所「鰐淵寺」)、神門郡四か所(武志「古塚」・石塚「波岩」・高岡「多福寺」・矢尾《やび》「来成天皇《らいぜい》」)、の計一三か所。

内容は、すでに多くの文献に引用され紹介されている。ちなみに島根郡長海の「杵田明神」の条は、弁慶が誕生してから一七歳で国を出るところまでの物語であり、これを杵田大明神の

「弁慶願書」が伝えるとする。

よく知られた史料であるが、これを他のものと比較していくと、小さいながらも違いが認められる。出雲における弁慶伝説の形成や流布を考えるうえでキーポイントになる史料であることはいうまでもないが、同時に注意したい史料である。また、島根郡野原の「弁慶島」の条と長海の「杵田明神」の条の二つの記事は、同じものが静嘉堂《せいかどう》文庫の「武蔵坊弁慶由来」にもみえる(10)。ただしこれとも若干の違いがあるとわかる。

―『出雲鍬《いずもぐわ》』

同書はD・Hと並び、近世出雲国の代表的地誌として知られる。伝柳生軒虎十《やぎゅうけん》編で、一八世紀半ばのものとされる。ただし、内容的には一八世紀初め頃のものと、一八世紀半ば頃のものとが混在するという(11)。

該当記事は、島根郡に二か所(「枕木山華蔵寺」・「千酌」)、神門郡一か所(「神門湖」)にみられる。枕木山華蔵寺の条は、大きく三つの内容からなるもので、一つは華蔵寺の住僧が語る弁慶、二つは「弁慶生縁」、三つは杵田大明神に関係した弁慶である。

二つ・三つ目はともかくとして、一つ目にある物語については、他にないかたちのものであり、一つの特色を成しているといえる。また「千酌」の条では当地が弁慶の出生地とされているところも特徴的である。

これはDやHにはみられない記事であり、むしろ先述したFや後述するJの記事に似るものがある。なお「神門湖」の条は、Dの記事を引用したものである。

J『閑田耕筆』

同書は伴蒿蹊《ばんこうけい》の随筆集で、享和元年(一八〇一)の刊。四巻中の巻之二にみえる(12)。蒿蹊は江戸時代後期の歌人・国学者で、京都にいて『近世畸人《きじん》伝』などの著作で知られる。享保一八年(一七三三)~文化三年(一八〇六)の人。

文中、生前交友があり、国内各地を巡遊したことで知られる、百井塘雨《ももいとうう》の遺書を引用して述べる。それによると、出雲国の穴深磯に摩尼組という牧があって、そこが弁慶の誕生地とされ、産湯の水や霊を祭る社があるとする。内容からして、「穴深磯」の地とはFやIに記されている、島根郡千酌の辺りのことであろう。本庄からすると北側の日本海側に位置するが、これも枕木山の麓であることに違いはない。

塘雨は生年不明、寛政六年(一七九四)没の人である。『笈埃《きゅうあい》随筆』という紀行文(遺稿)があることで知られ、蒿蹊が畸人《きじん》の一人として紹介した人物である。遺書とはこの紀行文を指していると思われる。

K『日本九峰修行日記』

記主は野田泉光院成亮《のだせんこういんしげすけ》といい、宝暦六年(一七五六)～天保六年(一八三五)の人である。日向国佐土原《さどわら》の修験《しゅげん》であり、諸国名山霊跡を巡拝したときの日記(13)。文化九年(一八一二)～文政元年(一八一八)、六年二か月にわたる長旅の記録である。

野田家は、累代《るいだい》佐土原藩主の代参として大峰に入峰《にゅうぶ》を行っており(入峰三七度、奥駆《おくがけ》一八回と記録される)、泉光院もそうしていたと考えられている。五六歳で君公の許可をえて旅に出、諸国散在の山伏の実体を見聞する用務をも兼ねていた。

泉光院が当地を巡拝したのは文化一一年(一八一四)四月で、鰐淵寺を訪れたのは一七日。山中の規模や寺院数をはじめ、浮浪の滝のことなどが記され、そのうえで、「鰐淵とて弁慶修行の場所也と云ふ」とみえる。

記事としては比較的簡単なものであり、特別大きな関心をもって書いてはいないようである。弁慶伝説のある紀州熊野でも記録するが、書きぶりはこれとあまり変わらない。

L『出雲神社巡拝記』

同書は天保四年(一八三三)に渡部彝《わたなべつね》が著したもの(14)。渡部は江戸後期の人(生没年不詳)、小《お》笹《ざさ》屋良兵衛ともいい、松江の商人で国学者であった。

該当箇所は島根郡本庄村の「長海村杵田大明神」と、能義郡西松井村の「出雲路幸神」の二か所である。前者は当所が弁慶の生所なりとし、長見神社のいわゆる弁慶願書のことについて触れる（実際社家に乞うてこれをみたとある）。その上で巡拝する人がこのことについて詳しく知りたければ社家に尋ねるべしと記す。

後者は出雲路幸神が縁結びの神を祀るとされるとともに、ある書に熊野の庶司の娘弁吉が姿みにくく夫がなかったことから出雲の結びの神に祈らんとて当社に参ると、長見村で夫に逢い弁慶を生んだと記す。後者の話は、『雲陽誌』をはじめ、他書ではみられないものである。なお両者とも弁慶の父親が誰なのかについては触れていない。

M 『出向ふ雲の花の旅』

阿波国美馬《みま》郡半田村の商家堺屋《さかい》（酒井）弥蔵の、七編からなる旅日記のうちの一つ(15)。嘉永二年（一八四九）三月の記事にみえ、鰐淵寺に上り、当寺（鰐渕山学円寺とある）が弁慶の学問をしたところと記している。先に挙げたKにしろこのMにしろ、近世後期における日記類では、ごく簡単な記事がみえるぐらいである。

以上、出雲地方の弁慶伝説がたどれる史料を一三件、年代順に並べた。古くは少なくとも戦国時代の終わりごろからあり、その後、江戸時代をとおしてあるのがわかった。こうして史料を時系列で並べてみると、この中でもっとも古く遡れるものは、幸若舞曲の一つであるAである。出雲地方の弁慶伝説を考える上では、まずはこれをはじめ、B、C、Dと、中世末から近世初めのころの史料に注目する必要がある。

また、従来のものにはなく、今回はじめて確認できた弁慶伝説に、Fの記事がある。これなど、当地方の弁慶伝説の豊かさがより知られたのではなかろうか。さらにH、Iは、以前からよく知られているとはいえ、記事を通読すると相互に違いがみられ、この点もまた見直してみる必要があると指摘した。このあたりのことを、次回から具体的に検討してみたい。

（1）初出では、A～Lまでの史料一二件を挙げたが、その後『出雲国神社巡拝記』にも記事があるのを知ったため、ここではこれを加えて（新L）全部で一三件の紹介である。

（2）麻原美子・北原保雄校注「四国落」『舞の本　新日本古典文学大系59』岩波書店一九九四、黒木祥子「義経四国落」『幸若舞曲研究』第七巻一九九二を参照。なおこの舞曲の上演記録の初出は、市古貞次「幸若舞・曲舞年表」によると、天正八年（一五八〇）二月二五日の「家忠日記」の記事とされる（黒木祥子「30四国落」『幸若舞曲研究』別巻二〇〇四）。したがって、成立は少なくともこれより古く遡ることになる。

(3)村井祐樹「東京大学史料編纂所蔵『中務大輔家久公御上京日記』」『東京大学史料編纂所研究紀要16』二〇〇六)を参照。

(4)井上寛司他『出雲鰐淵寺文書』法蔵館二〇一五の、三七九・三八〇及び参考四七を参照。

(5)『懐橘談前後篇・隠州視聴合紀』(出雲文庫第二編)大正二年(一九一三)を参照。

(6)『校訂 後太平記』(博文館編輯局校訂、東京博文館蔵版)明治三二年(一八九九)を参照。

(7)島根県立古代出雲歴史博物館所蔵。

(8)中村幸彦「和漢三才図会」『国史大辞典』一四巻一九九三を参照。因みに同氏によると、『和漢三才図会』の利用法は凡例で述べているとして、学問的立場というよりは常識的立場を探るものとして紹介されている。

(9)『大日本地誌大系(四二) 雲陽誌 全一巻』雄山閣、昭和五二年(一九七七)を参照。

(10)『中世神仏説話続』古典文庫、第九十九冊、一九五五。近藤喜博著を参照。目次に「附載」として「武蔵坊弁慶由来」がある。解説によると、静嘉堂文庫本にあり、もと松井簡治博士の旧蔵であるとみえる。

(11)小林准士『松江市史 史料編5 近世Ⅰ』松江市史編纂委員会二〇一一を参照。

(12)『日本随筆大成九巻』吉川弘文館一九二七を参照。
(13)鈴木棠三(解題)『日本庶民生活史料集成　第二巻　探検・紀行・地誌　西国篇』一九六九を参照。
(14)渡辺彝『出雲神社巡拝記』。出雲市立中央図書館の複写本を参照。
(15)徳島の古文書を読む会五班『史料集(三)―堺屋弥蔵の旅日記―』二〇〇五を参照。
※初出では、A～Lまでの史料一二件に対して翻刻文を挙げたが、紙面の都合上ここではすべて割愛した。

4　史料からみた出雲地方の弁慶伝説

近世初期の史料を幸若舞曲との関連で考える

先に、出雲地方の弁慶伝説の記事のある史料を、管見のかぎりで拾いあげた(↓三－3)。全部で一三点あり、およそ一六世紀代から一九世紀代まで年代順に示した(A～M)。この中でもっとも古く位置づけたのは幸若舞曲のA「四国落」である。つづけて島津家久が記したB「中務大輔家久公御上京日記」、C「佐世元嘉書状、同某(同正勝か)書状」があり、さらに黒沢弘忠（石斎）の編著になるD「懐橘談」をあげた（1）。

文芸作品であるAは別として、B・C・Dの記録者をみると、いずれも武士であることで共通する。どうして彼らは日記や文書に弁慶に関係した記事をあげるのか、なぜ彼らは弁慶に関心を示しているのか、問題にしてよいかと思われる。そこには何か共通する背景なり影響を与えたものがあったのではないかと考える。

今回は、史料B・C・Dとほぼ同じ時代に幸若舞が流行っていたことに注目しながら、近世初期の段階における弁慶伝説の、受容・流布の問題について検討したいと思う。結論を先にいえば、このことには当時武士の関心事の一つであった文芸世界の幸若舞（曲）が少なからず影響していたのではないかと推察する。

（1）史料の年代確認と、島津氏と幸若舞

前回記しているとはいえ、最初にA～Dの年代について再確認しておきたい。Bは天正三年（一五七五）六月二二日の記事であり、Cは年未詳ながら慶長三年（一五九八）ごろかとされる。またDは、上巻が承応二年（一六五三）、下巻が寛文元年（一六六一）に書かれたものである。

もう一つ、Aであるが、前回この成立年代については室町期とされているとした。ただこれ

では年代幅があり、もう少し具体である必要がある。後述もするように、この舞曲の上演史料の初出はいま知られる範囲で、天正八年（一五八〇）二月二五日である(2)。これにより比較すればBの方がAよりも五年ほど古いことになる。

しかし、これは記録上から遡れるもっとも古い年次であって、逆にこれをすでに存在したとみて、下限と捉えられなくもない。そこでやはりAがBよりも前に存在した、または下ったとしてもBの頃にはすでに成立していたと考える。明確さには欠けるものの、ここでは幸若舞曲が流行ったとされる一六世紀ごろから一七世紀半ばごろまでの中の、一六世紀後半とみてAをBより古く位置づける。

さて、出雲の弁慶伝説にかかわる記事がなぜBやCの時期にみえるのかである。Bの家久は少なくともこのときまでに、枕木山が弁慶ゆかりの地であることを知っていたから日記に記したわけであり、Cでは毛利輝元が鰐淵寺に弁慶自筆とされる書状があると聞き及んでいたから提出するように要求したのである。

家久も輝元も、出雲地方が弁慶伝説の舞台であることや、そこにゆかりの品があることを知っていたのはどうしてなのか。そこであらためてこの二つの史料に注目し、幸若舞が関係してはいないかみてみようと思う。最初はBの日記からで、家久の文芸的嗜好《しこう》なり島津氏と幸若舞との関係を検討する。

島津家久は六月二二日の日記に、中海を舟で進み、馬潟の関あたりまで来ると、「枕木山とて弁慶の住し所有」と記した。九州南部の武将がここにきて何を思って書いたのであろう。弁慶のことをわずか一行でも書き残していることに、またこのような知識をどのようにして得ていたのか興味がもたれる。

この日前後の記事を追ってみると、因幡や伯耆の辺りでは比較的行程が淡々と記される。それが同日は文量が増え、家久は先の弁慶などのことにつづけて、白潟を過ぎて宍道湖に入り、平田の町に着くまでのところで、端の方では蓮《はす》の花が一町ばかり咲き乱れているなかを舟で漕《こ》ぎ進んだとしつつ、「さなから御法《みのり》の舟にやとおぼえ」とまで記した(3)。

自分が仏法《ぶっぽう》の舟に譬《たと》えられるような光景の中にいるとは、戦国に生きる武将ゆえの感慨を表しているものと思われる。と同時に、それは一種の教養に裏打ちされた文学的な表現でもあろうかとみられる。もしかしてそのまえの弁慶にかかわる一文も、古典や文芸への関心あっての、そしてこの弁慶伝説の地に至ったことでの感慨から、ふとあのように書きとめたのではないだろうか。

家久は伊勢参宮などの目的のために、天正三年の二月二〇日に薩摩串木野《くしきの》を出て、七月二〇日に帰郷した。このうち京都には四月一六日から六月八日まで、約五〇日間にわたって滞在する。そこでは当地の貴紳・武家・連歌師たちと精力的に交流し、古典の講釈、連歌の会、能楽等々、貴重な体験をする。それは家久自身が、教養としての古典や文芸に強い関心もっていたからであると指摘されている(4)。

日記には幸若舞に関する記述は見当たらず、家久と幸若舞の関係を直接に指摘することはできない。そのことを承知のうえであるが、ただ中には次のような記事もあって注目される。すなわち、京都における家久の行動と弁慶伝説の地とが交差する場面である。四月一四日の条に、粟田口《あわたぐち》を過ぎた辺りに弁慶石というところがあり、そこで連歌の名匠で知られる里村紹巴持参の酒を飲んだとある。無理やりかもしれないが、そこから推して、家久と幸若舞のつながりを連想できなくもない。なぜならこの時に家久と紹巴との間で、もしかしたら弁慶のことが話題にのぼったかもしれないからである。

ところで、これより年代が下るが、文芸の中の弁慶をキーワードにしたときに、島津氏と幸若舞の接点がうかがえる史料がある。慶長・元和期に島津氏の庇護《ひご》を受けていた臨済《りんざい》宗の僧侶、文之玄昌の著した詩文集『南浦文集』である(5)。文之玄昌は島津義久の招きにより当地に一五年逗留《とうりゅう》したといい(三五年とも)、藩主の代筆を勤めて活躍した人物とされる。

注目されるのは、この文集の中にある「弁閻問答記《べんえんもんどうき》」なる一文で、慶長一三年（一六〇八）四月下旬、大隅《おおすみ》の新舞殿で興行された舞曲（舞踏、舞楽）のことが記されている。

これによると、舞曲は京都の楽師であるとする道味《どうみ》らが振付・作詞・演舞したもの、道味の名は関《せき》の東西を分かたず知れ渡っていたという。この「楽師」道味は、曲舞系統の舞の担い手、すなわち幸若舞の太夫ではなかったかと指摘される。ちなみに、「弁閻問答記」の弁は弁慶、閻は閻魔《えんま》王を表し、これは両者のやりとりを扱った創作芸能、「弁慶地獄破《じごくやぶ》りの舞」であった(6)。

これにより、薩摩の地で創作された舞曲の中に弁慶が登場していたことが知られる。このころの文芸の世界にあって、弁慶に話題性があってのキャスティングではなかったかと想像する。逆にいえば、それほど当時、弁慶は興味・関心の対象になっていたのではなかろうか。制作し演ずる側はもちろんのこと、観て聞く側（それに後述する「舞の本」を読む人も含めてになろう）の武士にとっても、弁慶は魅力的な存在であったに違いない。

また、島津氏と幸若舞とが直接関係していると分かる史料が他にも知られる。島津貴久の家臣、上井覚兼《うわいかくけん》（一五四五～一五八九）が書き残した「上井覚兼日記」である(7)。天正期、島津家では幸若太夫が酒宴の席などで舞を演じた記事が散見され、その様子から薩摩の武士が能狂言を含め芸能をよく好んだことが指摘されている(8)。

もちろん日記には、幸若舞や弁慶伝説について覚兼の特別な思いや感想が述べられているわけではない。しかし、こうした史料を通して、薩摩ではすでに文禄年間から武士が舞曲に関係した芸能者と交わっていたこと、それに弁慶をモチーフにした舞曲まで当地で創作されていたことが知られ注目する。

(2) 毛利氏と幸若舞

つぎにCの史料である。これについても幸若舞との関係がありはしないか検討してみたいと思う。

Cは佐世元嘉と某氏の二つの書状からなる。うち一通は元嘉が鰐淵寺に宛てて、当寺が所蔵する義経弁慶の書状を毛利輝元に提出するように求めたものである(正月二四日付け)。それに、これ以外に西行の書物などの古筆があれば、合わせて進上するようにと要求した書状でもある。

鰐淵寺がこれに応じたからであろう、もう一通は某氏から同寺に宛て、先刻求めた書状を確かに請け取ったとし、間違いなく義経が判じて弁慶が認めたとする古筆であって、宍戸十郎兵衛を通じて輝元へ上進した旨を伝えている（二月九日付け。なお某氏は花押から兄佐世正勝の可能性が高い）。

二つの史料が面白いのは、少なくともこの時点で、鰐淵寺には弁慶の手跡とする古筆があったらしいこと、それを戦国時代、中国地方の覇者《はしゃ》毛利氏が知るところであって、実際に求めていることである。では、毛利氏はこうした古筆があることをいつごろどうやって知ったのだろうか、そして毛利氏がこうした要求をする理由なり背景はなんであったのだろうか。

毛利氏が古典に通じていたことは周知の事実である。毛利元就は学問をもって朝廷に仕えた大江《おおえ》氏の末流であると自覚し、早くから文芸の道にいそしんだ。ことに和歌や連歌に精通し、戦陣忽忙《こつぼう》の中にあっても制作活動をしながら、多くの秀れた歌を詠んだとされる。その遺作にふれた当代一流の歌人三条西実澄《さねとう》（実枝《さねき》）や、先に島津家久が京都にて交わった人物として触れた連歌の名匠、里村紹巴が感嘆したほどであった(9)。

それほど元就は、戦国時代にあって類稀《たぐいまれ》な文武兼備の武士であったとされるが、後を継いだ輝元も同様に古典への興味や関心のあった人物である。また、Cの一通を認めた佐世元嘉も古筆や芸能に関心をもっていたことで知られる。慶長九年（一六〇四）には、豊前守朝英が永徳三年（一三八三）八月九日に書写した、「和漢朗詠集《わかんろうえいしゅう》」二巻を神門寺《かんど》（出雲市塩冶町《えんや》）に寄進したり、厳島神社には能面「頼政《よりまさ》」や「久千」銘のものを寄進した事実がある。
また、佐世氏といえば正勝・元嘉兄弟の父である清宗《きよむね》も見逃せない。清宗は永禄年中尼子晴久に仕えた重臣で、智仁兼備の勇将とされるとともに、文芸を好み雲谷《うんこく》派の筆意の画をよくしたとされる。彼が描いた「荘子胡蝶之夢図《そうしこちょうのゆめ》」はそのことをよく物語るものである(10)。

ではここで、毛利氏と幸若舞の関係が分かる史料を二、三挙げてみる。江戸時代に下るが、まずよく知られているのが毛利家本「幸若流舞之本《まいのほん》」である。

慶長一七年(一六一二)から元和四年(一六一八)にかけ、毛利家の御伽衆《おとぎしゅう》であった山家善吉・善三郎の兄弟二人は、越前国丹生《にゅう》郡西田中村の小八郎家安信のもとで修行に励んだ。小八郎家安信は幸若舞を伝える幸若家の分家の一つ、南家・小八郎家の六代とされている。兄弟二人がこの安信のもとに行ったのは、主君輝元・秀就《ひでなり》から幸若舞の習得を命じられたからであった(11)。

修業の甲斐《かい》あって、善吉は安信から幸坂《こうさか》の姓を与えられ、「舞の本」正本《しょうほん》が送られた。正本とは本の正当性を示すため、大夫が伝授した「舞の本」に奥書したものである。後にこれは善兵衛の孫にあたる、吉田半左衛門就忠により毛利家に献上された。寛文一三年(一六七三)のことで、それが件の毛利家本であることは周知のとおりである(12)。

この例から、毛利氏が幸若舞を愛好していたとわかるが、両者の関係は永禄年間にまで遡って知ることができる。『温故私記《おんこしき》』(巻第十)によれば(13)、永禄九年(一五六六)一二月中旬、幸若舞太夫《たゆう》が越前より安芸吉田《よしだ》に下り、これを毛利氏が迎え入れている。このとき太夫は二〇日余り逗留《とうりゅう》し、城内にある満願寺《まんがん》というところで舞台を仰せ付かり、この舞を観た元就・輝元から、御礼物として千貫が遣わされたという。千貫という数字には疑問視する向きもある。しかし、破格の額に違いなかったようで、毛利氏の幸若舞の関心の強さを知るのに十分なエピソードとみられている。

幸若舞と毛利氏の関係はその後もつづいた。厳島神社神官の記録で天正八年(一五八〇)後三月上旬の奥付がある『棚守房顕手記《たなもりふさあき》』には、年次未記入ながら「観世太夫下向在り、吉田ヨリ至当嶋参詣之条、(中略)、其年幸若太夫下向シテ逗留七月中、又其次年八郎九郎下向ス」といった記事がみえる(14)。こうした関係がつづく中、毛利氏は幸若舞を習わせようと、先にみた慶長年間の越前派遣を命ずるまでに至ったと思われる。

なお、前述の『温故私記』は、先のことに続けて、毛利氏が能を鑑賞していた記事もみえる。同年一二月中旬、観世大夫宗節ら一座一五人が御見舞として吉田に下り、城に召し出されて御能興行を行った(一三日)。このときも元就・輝元から御引出物千貫ずつ、そのほか太刀・小袖がたくさん下されたという。それに元春・隆景からも三百貫ずつ、太刀が遣わされ、逗留は翌年七月まで続いた。

先ほど挙げた三つの史料に、弁慶に関係した演目があるとか、弁慶を話題にしたといった記事はみられない。したがって、そうした歴史的な事実があったのかなかったのかとなると、どちらともいえるところではある。

しかし、ここで重要と思うのは、毛利氏がこうした幸若舞や能に接する機会を、すでに永禄年間から持っていたことである。こうした経緯を辿ることで、毛利氏は文芸の世界の一つである幸若舞について、より興味なり関心をいだき、理解を深めていったものと思われる。

毛利氏と出雲地方の弁慶伝説の関係をうかがわせる史料となると、以前であればおそらく一八世紀の初めからから半ばにかけて成立した、Hの『雲陽誌』やIの『出雲鍬』が挙げられたことであろう。周知のとおり、この二つの地誌には島根郡長海の杵田大明神の条において「弁慶願書」(弁慶之由来)なる伝来文書が紹介される。この末尾に注目すると、いまに伝わるその文書は写しであって、原本は永禄年間に毛利元就によって召し上げられたと記されている(15)。

この文書の真偽はともかくとして、ここでいう毛利氏の没収年代は、先の史料から知られた毛利氏と幸若舞が接触する年代とほぼ同じであると気づかされる。毛利氏と出雲地方の弁慶伝説の接点は、この永禄年間あたりが一つのキーポイントになるかと考える。

ここでは毛利氏と幸若舞の関係や、毛利氏と弁慶ゆかりの品の関係が、永禄年間ごろからみられることを確認した。弁慶、毛利氏、幸若舞という三つのキーワードがこの年代から接点をもっていることに注目したい。

(3) 幸若舞曲の流布とその享受者

ここでは、「四国落」に限定しないで、先学の研究に学びながら、いわゆる幸若舞曲の流布という視点から述べてみたい(16)。幸若舞曲の一般的な理解が、これまで検討してきた島津氏や毛利氏の幸若舞に関係した動きと、どうリンクするのかみたいからである。

幸若舞は、能・平曲《へいきょく》と並んで中世庶民の耳目を楽しませた芸能であり、曲舞《くせまい》とも称されていた。曲舞は南北朝期の観応《かんのう》元年(一三五〇)の『祇園社《ぎおんしゃ》社家記録』からみられるといい、実際にはそれ以前からあったとみるのが妥当とされる。ただし、室町中期ごろから曲舞芸の中に新しい芽生えがあり、上演内容の変化とともに種々の呼称となった。その一つが現存の幸若舞の曲目であり、いまここで問題にするいわゆる幸若舞曲である。その特質は、義経物・曽我《そが》物・源平物の、軍記物中心の叙事《じょじ》的語り物であるとされる点にある。

さて、この幸若舞の詞章であるが、一六世紀中葉にはほぼ定着したといい、しかも舞のみならず読み物として享受《きょうじゅ》された。この読み物が「舞《まい》の本」であって、幸若舞の語り台本を読み物に転用したものの称としてこの名がある。具体的には、『私心記《ししんき》』の永禄二年（一五五九）三月四日の条、『言継卿記《ときつぐきょうき》』の同一〇年（一五六七）一一月二五日の条、『言経《ときつね》卿記』の慶長三年（一五九八）四月一一日の条などにみえ、中にはお伽《とぎ》として正親町《おおぎまち》天皇の御前で読まれたケースも確認されている。

こうした読み物の享受者は、京都文化の担い手である貴族・僧侶・隠者《いんじゃ》等と考えられていて、彼ら知識階級に共通するものであったという。もちろんこの中には古典や文芸、そして幸若舞に関心のあった武士を含めて考えてよいと思われる。

「舞の本」が流布した盛期は、江戸初期から寛文ごろまでと指摘される。「四国落」の類本には、今日例えば国文学研究資料館所蔵のものがある。これは神道家であり僧侶であった神龍《しんりゅう》院梵舜《いんぼんしゅん》（一五五三～一六三二）の自筆本である。年紀を伴わないが、慶長八年（一六〇三）から同一八年（一六一三）にかけて書写されたとみられる幸若舞曲・幸若歌謡集六冊のうちの一冊であり(17)、比較的早い段階の写本として貴重である。

また、東京大学総合図書館が所蔵する霞亭《かすみてい》文庫中の「四国落」は、寛永版とされるものである(18)。このころから盛んとなった出版事情が知られて貴重であるが、寛永版には旧刻(寛永九年)と新刻(寛永一二年以降か)の二種類があった。後者は版面が摩耗《まもう》して使い物にならなくなり、新しく版が起されたものをいった。三六番ある中の一三曲が該当し、「四国落」もその中に含まれている。つまり、「四国落」はベストセラー級のものの一つであり、当時いかに大衆に好まれていたかが知られる。

ただ、芸能史・文学史上からすると、この段階は江戸町民文芸の開花直前の準備期であり、広く普及するまでの栄養源として受容されていたに過ぎないとの評価である。出版界においてこうした流行現象があったとはいえ、江戸町民文芸の成熟度となると、庶民の間への浸透にはもう少し時間が必要であったということかと思われる。

これまでの記述をとおして、幸若舞の詞章は室町後期から普及すること、その読み物である「舞の本」が少なくとも永禄年間からみられること、またその盛期が江戸初期のころにあることが確認できた。こうした流れの中にあって、Bの島津氏やCの毛利氏の史料は、後年のD『懐橘談』を含めて、年代的に十分重ねてみることができよう。ここに島津・毛利氏の弁慶や幸若舞に絡んでの動向を、幸若舞曲が辿った歴史とリンクさせてみることが可能である。否むしろ、これらを幸若舞曲の歴史と関連づけて捉えることが求められるのではなかろうか。

幸若舞曲は、一六世紀から江戸時代初期までの流れを追うと、とりわけその詞章が永禄年間以降に読み物「舞の本」として定着し、さらに一七世紀はじめの寛永期には出版も盛んになって広く普及する過程が知られた。この期間にあって、島津氏や毛利氏は幸若舞をみる、読み本を手にする、あるいは舞の芸能者と交わるといったことが、十分ありえたと思われる。

また、そうした機会が得られる場所も考えてみる必要がある。その場合、もちろん京都が中心に違いなかろうが、地方においてもありえたであろう。そうした中において、彼らの幸若舞への関心はより高まり、両者の接点が増したと推察する。

もちろんこうしたことを「四国落」という具体的事例に、そのまま当てはめるのは適当ではない。この舞曲との繋がりをいうためには、「四国落」がいつ成立したかがやはり問題となる。そして、それが彼らとどう関係していたか、史料上で明らかにする必要がある。

最初に触れたように、「四国落」が上演された初出記録は、「幸若舞・曲舞年表」によれば、天正八年(一五八〇)二月二五日の記事である(徳川家忠《いえただ》「家忠日記」)(19)。島津家久が記した天正三年(一五七五)六月二二日からすると、確実に五年は過ぎている。果たして「四国落」が創作なり初演されたのは、本当はいつであったろうか。

根拠が明確にできないでいうのは、適当でないと承知のうえである。しかし、既述のように、この「家忠日記」の日付よりも遡るのではないかと推察する。繰り返すが、島津家久や毛利輝元は出雲地方を舞台にする弁慶伝説なり当地にゆかりの品があることを、記録にとどめる以前のところで知っていたはずである。年代が明確にできないにしても、それが最初にどんな媒体を通して入ってきたかが重要であり、課題解決にあたっての欠かさせない視点になるかと思われる。

いま考えるところは、幸若舞曲の普及であり、その中に「四国落」が存在したからではないかということ。なぜなら、「四国落」は弁慶が出雲国の出身であるとする伝説を明確に記したものであり、いまこれが出雲地方を舞台にした弁慶伝説のもっとも古いものといえるからである。

となれば、逆にこのことをもって成立年代を考えてもよいのではないか。「四国落」は遅くとも天正年間には上演されていたわけであり、加えてBよりも前に成立したとみることで、史料の解釈が容易にもなる。これまでの検討をとおして、ここでは「四国落」が出雲地方を舞台として語られる弁慶伝説の、いわば初出史料であることを重視する。この伝説の流布を考えると、「四国落」が与えた影響は小さくないとみた。

ここでは「舞の本」についてもみてきた。それは江戸時代の初めに特に流行したと指摘されるものである。D『懐橘談』を著した黒澤石斎は、そのなかで「弁慶は古今の勇者、人のあまねく知れる事なり」と記している。庶民レベルや出雲に住む人々に、当時どれほど知られていたのかはともかく、少なくとも武士や知識人の間には、石斎のことばどおり、弁慶のことが広く知られていたとみてよいと思われる。

ともあれ、江戸時代における出雲地方の弁慶伝説の伝播は、幸若舞曲「四国落」が下地の一つになっているとの考えである。また、ここに至るまでの前史が知れるものとして、島津家久や毛利輝元の史料があるようにとらえた。

小稿は、近世初頭のころの出雲地方の弁慶伝説の拡がりを、当時の流行《はや》りであった幸若舞曲との関係で検討してみた。繰り返すが、一六世紀末ごろの島津家久や毛利氏の史料に、なぜこのことが記されているのか、考えてみたかったからである。

その要因なり時代的な背景を考えると、まずは彼ら武士が文芸の世界に関心を示していたことが挙げられる。対象となったその一つが幸若舞曲であり、その普及あってのこととみられた。そして、そのなかの一つ「四国落」が直接的な影響を与えたのではないかと考えた。なぜなら「四国落」には弁慶の生誕地が出雲であると明確に記されている。史料をさがす限り、この点を記したものがこれ以外、またこれ以前に見当たらないからである。

要は、この「舞の本」なり舞そのものが彼らの目や耳に触れることで、出雲地方を舞台とする弁慶伝説が広まったのではないか、そしてまた、その延長線上に一七世紀前半に黒澤石斎が記したことばがあるように推察する。

出雲地方の弁慶伝説となると、これまで主に修験道《しゅげんどう》や聖《ひじり》によって伝搬したと考えられてきた。その点をすべて否定するものではない。しかし、今回のように少なくとも中世末から近世初頭にかけた史料からすると、この段階は文芸を介しての、すなわち幸若舞「四国落」の流布を通しての伝播が一番に考えられてよいのではと思われるのである。

（1）拙稿「史料からみた出雲地方の弁慶伝説（2）－史料の時系列化－」『山陰民俗研究23』二〇一八

（2）市古貞次「幸若舞・曲舞年表」。なおこれは黒木祥子「四国落」『幸若舞曲研究』別巻二〇〇四により得た。

（3）原文は「一、廿二日、（中略）、亦舟いたし行に、右ニ檜木の瀬とて城有、其より水海の末ニ蓮一町はかり咲乱たる中を、さなから御法の舟にやとおほえ漕通、平田といへる町に着、（後略）」とある。村井佑樹「東京大学史料編纂所所蔵『中務大輔家久公御上京日記』」『東京大学史料編纂所研究紀要』第

16号二〇〇六。

（4）白井忠功「京都の島津家久－『中書家久公御上京日記』－」『立正大学大学文学部論叢』第一〇八号一九九八。榎原雅治「（黎明館講演会）島津家久公上洛の旅」『黎明館調査研究報告第24集』鹿児島県歴史資料センター・黎明館二〇一二。

（5）『南浦文集』巻之下（「南浦戯言」）の巻頭にある一文。伊藤慎吾「弁慶地獄破りの舞と道味」『季刊ぐんしょ』再刊第61号、続群書類従完成会二〇〇三を参照した。

（6）前掲註（5）中の伊藤氏論文を参考にした。

（7）東京大学史料編纂所蔵。『大日本古記録』所収。前掲註（5）の伊藤氏論文を参考した。

（8）前掲註（5）の伊藤氏論文を参考にした。

（9）秋山伸隆他『毛利元就展－その時代と至宝－』展示図録NHK他一九九七。第二部「毛利氏ゆかりの美術と文芸」を参照した。

（10）神門寺文書（同寺所蔵）。重要文化財。厳島神社所蔵「厳島神社宝物名品展－工芸－」（展示目録・解説）二〇〇一。桑原羊次郎『島根県画人伝』一九三五。大東町『大東町誌』一九七一。

（11）『越前幸若舞を知る一〇〇項』越前町教育委員会二〇一七

（12）毛利家博物館所蔵、山口県指定文化財。

(13)国重政恒著。『温故私記』「長周叢書」一八九八。国立国会図書館デジタルコレクションを参照した。なお、原文の当註では以下で関連記事を掲載しているが、小文では割愛した。
(14)東京大学史料編纂所所蔵。『続々群書類従』第四所収、国書刊行会一九七〇。
(15)なお毛利氏が所望した年であるが、(H)は永禄五年、(I)は永禄元年としている。
(16)ここでは麻原美子「解説　一曲舞と幸若舞」・同「二幸若二流の正本と版本の成立」『舞の本　新日本古典文学大系59』、岩波書店一九九四を参考にした。以下の文章は断らない限り、この成果に拠っている。
(17)国立国文学資料館蔵。同館ホームページ掲載の「貴重書一覧」(平成二九年九月二七日現在)によった。なお内容に関しては『古典籍展覧大入札会目録』(東京古典会)を参考にした。
(18)東京大学総合図書館ホームページ、デジタルアーカイブ霞亭文庫を参照した。
(19)前掲註(2)に同じ。なお「家忠日記」は国立国会図書館デジタルコレクションを参照した。

四、社寺建築のある風景

67　近世社寺建築の特徴の一つに、組物を多用し彫刻で装飾する点がある。玉作湯神社本殿の背面を見上げると、大瓶束の上部に象鼻があるなどユニークである

1　出雲地方の居並ぶ神社建築

近世社寺建築の面白さ

天平五年（七三三）に勘造《かんぞう》された『出雲国風土記』によると、このころ出雲国には二つの大《おお》社《やしろ》と三九七の社が存在した。出雲地方の神社は、全国で唯一完存するとされるこの古代地誌によって古くからの歴史が知られるとともに、いまでも人々の信仰の対象として数多くみることができる。規模の違いこそあれ、今日これらは社地に神社建築を伴うのが通例であり、神社固有の歴史や性格、そして豊かな地方色を表して建っている。

この地方の神社を代表するのは、出雲市大社町にある出雲大社である（かつては杵築《きづき》大社といった）。ここは、広い境内が松並木の続く幅広の参道ではじまり、その奥に巨大な本殿をはじめとする多くの社殿群が、荒垣《あらがき》、回廊・瑞垣《みずがき》、玉垣《たまがき》に囲まれて整然と建ち並ぶ。檜皮葺《ひわだぶき》・素《しら》木《き》造で統一された社殿は、楚々《そそ》として落ち着き、長い歴史と豊かな伝統を誇り、大社を知るのに十分な雰囲気が漂《ただよ》う。

もっとも、いま見る社殿の配置や境内の整備は、近世、とりわけ江戸時代の寛文七年（一六六七）の造替《ぞうたい》によるところが大きい。この時は、それまで社頭《しゃとう》を飾っていた大日堂《だいにちどう》、

68　豊かな歴史と伝統をほこる出雲大社を松並木のつづく参道側からみる

69　出雲大社楼門、本殿　楼門は三間一戸の二階門で、左右に玉垣が取り付く。その奥にあるのが、高さ24メートルを測る巨大な本殿

70　杵築大社近郷絵図（部分、北島建孝氏蔵）　寛永年間の制作とされるが、慶長14年造営時の姿をも描く。本殿は彩色され、境内に三重塔、鐘楼などの仏教的堂宇が建つ。

鐘楼《しゅろう》、三重塔、輪蔵《りんぞう》等が排除されるなど、仏教色が一掃された点で画期的であった。この出雲大社にみられる神仏分離は、同じころ松江藩領内の主だった神社でも同様に行われたとみられることが、各社に残る古文書や棟札《むなふだ》などから知られる。

神仏分離は、一般に明治の初め維新政府がとった宗教政策をいう。しかし、出雲の場合、全国的には水戸《みと》藩と並んで、早くも江戸時代前期に経験していて注意される。この期における神仏分離がその後の社観に及ぼした影響は少なからぬものがあり、当地方の神社建築の推移を知る上で見過ごせない出来事といえる。

出雲地方の神社建築は、大社造本殿が主流を占めているせいか、概して組物《くみもの》・彫刻のあるものが少ない。また現状では彩色《さいしき》をほとんど伴わないのを特色としており、全体に簡素な印象がある。こうした中にあって対照的なのが同じ大社町にある、重要文化財日御碕《ひのみさき》神社社殿（寛永二一年〈一六四四〉）である。同社は日沈宮《ひしずみのみや》と神《かみ》

71　杵築大社境内絵図　寛文7年造営時のものと推定される。仏教的堂宇はなくなり、社殿配置など現在の状況に近くなる。しかし建物の柱は依然朱色のまま

72　日御碕神社全景　楼門・回廊に囲まれて中央に日沈宮、右端奥に神宮がある。昭和44年の保存修理以前の写真で、社殿全体が素木にもい状態である

7[illegible]　[illegible]は最古の[illegible]例。その直線的で力強い構成を目の当たりにし感動を覚える人が少なくない。保存修理時の写真

7[illegible]　同本殿内部　柱に朱色に塗られ　天井には瑞雲が描かれる。壁面をめぐる華麗な壁画は絵画作品として貴重。同じく保存修理時の写真

の宮の二社からなり、境内には楼門《ろうもん》・回廊などが備わるなど、社頭の建築がよく整う。両宮はともに入母屋《いりもや》造・檜皮葺の本殿が、唐破風《からはふ》造で飾られた幣殿《へいでん》・拝殿《はいでん》と繋《つな》がれて権現《ごんげん》造の構えになり、内外部とも彩色に富み華麗に仕上げられる。しかし、この外部塗装はそれまで外観上素木風の状態にあったものが、昭和四四年(一九六九)の保存修理により、造営当初の資料に基づいて復元されたものである。そこには彩色が長年月の風雨・塩害《えんがい》ばかりでなく、故意に剥落《はくらく》された歴史もあったことが知られて注意される。

かつて、出雲地方には、今日では例外的ともいえる日御碕神社社殿のような彩色のある神社建築がごく自然に存在した時代があった。出雲大社本殿などは長くそうした時代を経てきた例であるが、それがいつしか無彩色のものとなり、今日の景観がある。いまではこれを当地方の神社建築の変わらぬ風景としてイメージしている人が少なくない。

当地方の神社の本殿形式は、多くが大社造である。大社造は方二間《けん》、切妻造、妻入《つまいり》を特色とし、基本形は九本の柱からなる田の字形平面で、中心にもっとも太い柱の心御柱《しんのみはしら》があり、前後妻側中央に宇豆《うづ》柱と呼ぶそれに次ぐ太さの柱がある。内部は心御柱と片方の側柱との間に間仕切壁があり、その奥に神座が置かれる。戸口は宇豆柱に妨げられて大半は右側にあり、これに直面して昇降階がつく。この形式の祖形とみなされるのが、国宝出雲大社本殿である。古来出雲大社は、「天下無雙《むそう》之大廈《おおいえ》」と謳《うた》われ、天禄元年（九七〇）に成った「口遊《くちずさみ》」には「大屋を誦《ず》する」として「雲太、和二、京三」（一出雲大社、二東大寺大仏殿、三平安大極殿）の表現がみられるなど、本殿は古くから巨大さ、高さが強調されたシンボリックな建造物として伝えられてきた。現本殿（延享元年〈一七四四〉）は、三六尺四方の正方形の平面をなし、神座は右奥にあってその向きは正面になく左（西）方にある。組物・中備《なかぞなえ》を用いず柱上に桁《けた》・梁《はり》を組み、大屋根を支えて聳《そび》え建ち、高さ八丈（二四m）と威容《いよう》を誇る。

大社造の古様さからいえば、松江市大庭《おおば》町にある国宝神魂《かもす》神社本殿の存在が大きい。同本殿（天正一一年〈一五八三〉、栩《とち》葺）は、桁行一九尺（五・七m）、梁間一七尺（五・二m）、高さ四丈（一二m）を測り、やや奥行の長い平面形である。規模こそ出雲大社本殿の約半分ほどの大きさであるが、床の高さ、柱の太さ、宇豆柱の出、屋根の反《そ》りなど、全体に大社より古様を伝えており、その姿はシンプルで力強い。内部は素木造の状態にある外観とは対照的で、柱・梁は朱色に塗られ、壁・扉には壁画が描かれる。

壁画は、花鳥、舞楽《ぶがく》、流鏑馬《やぶさめ》、佐太潜戸《さだくけど》図などからなり、画風はおおむね江戸時代前半とされるが、桃山文化の遺風を残す古い画趣《がしゅ》の図もある。かつてはこの壁面に当社および出雲大社と関係の深かった鰐淵寺裹頭《かとう》衆（僧兵の姿。白の五條袈裟《けさ》で頭を裹《つつ》む）の図が描かれた時代があった。このことは本殿造営当時の画題を記した古文書によって知られるが、注意されるのはこれと現存の壁画を比較した時に共通する画題が多くあり、同じ内容のものが伝統的に描き続けられたとわかる。古様の継承が内部空間の上でも強くうかがわれる例である。

神魂神社にも近い松江市山代《やましろ》町にある県指定真名井《まない》神社本殿は、軸立の古さでは同社に次ぐものである。同本殿（寛文二年〈一六六二〉、檜皮葺）は、神魂神社のそれを模したところが多いが、大社造の中では宇豆柱の出がもっとも著しい。宇豆柱は、伊勢《いせ》の内宮・外宮に代表される神明《しんめい》造にみえる棟持《むねもち》柱にも通ずるものがあるとされ、この柱の両側柱を結ぶ線（壁）からの張り出し具合いは、建築様式の古さを物語ることにつながるようである。現本殿の造営は神魂社より新しいとはいえ、造替に際して旧形がよく維持された一例といえよう。

75　真名井神社本殿

76　同宇豆柱　壁面からの出がもっとも著しい

ところで、出雲地方に

77　佐太神社本殿　神門・回廊を構え、玉垣をめぐらした中に、本殿三棟が整然と並ぶ

78　神門構築以前、昭和17年ごろの写真　本殿三棟が左右対称であることがよく分かる。内部もまた同様である

79　美保神社拝殿、本殿　大社造系の切妻妻入の二社殿を連結したもので、美保造とも呼ばれる

は大社造の社殿を竝立《へいりつ》または連結させた特異な神社もある。松江市鹿島《かしま》町にある重要文化財佐太神社本殿（文化四年〈一八〇七〉、檜皮葺）は、中央の正中殿、両サイドの南殿・北殿の三棟からなり、大社造が三殿竝立するという珍しい形式である。しかもこの場合、三棟の構成には明らかに正中殿を中心にした左右対称の意匠がみられる。

また、同市美保関《みほのせき》町にある重要文化財美保神社本殿（文化一〇年〈一八一三〉、檜皮葺）は、比翼《ひよく》大社造と呼ばれる形式で、二棟の大社造が前室を備えて相の間《あいのま》で繋がれた特異な構成になる。そのため屋根も複雑になり、切妻造の二つの大棟の間にこれと直角をなす小棟が入り、正面には階隠しとしての大庇《おおびさし》がつく。佐太・美保神社の両形式は、成立が現本殿の軸立より古く求められる可能性があるものの、大社造が近世において発展した一変形と捉えられ、空間表現に拡がりと変化がみられて面白い。

神社建築は、本来復古的で伝統的手法を継承する性格を強くもっている。出雲地方に特有な大社造本殿は、構造手法の点でも意匠の上でも概してよりその傾向にあろう。しかし、よく注意してみると大社造も決して一様でないことがわかる。特に現存する本殿を近世社寺建築としてみたときには、その中に年代的な変化や地域的な違いがあると気づかされる。

前者であれば、幕末から近代のはじめのころにもなると、松江市玉湯町の玉作湯《たまつくりゆ》神社本殿

80　玉作湯神社本殿

81　同本殿背面　柱上に出組斗栱を組み、彫刻蟇股・笈形彫刻など装飾性に富む。大瓶束に取り付けられた象鼻が印象的である

82　須我神社本殿

83　妻部を波の二ツ岩に日輪の彫刻で飾る（背面は波に月輪）

（安政四年〈一八五七〉）、雲南市大東町の須我《すが》神社本殿（元治二年〈一八六五〉）などは、組物・彫刻を多用し装飾性に富む例になる。また、後者であれば、大社造の分布には宍道《しんじ》湖を挟んで西と東に二つの核があり、そこには構造手法・意匠上の違いがあると指摘されているのである。

こうした変化や差異は、当地方で神社建築を手がけた大工の動向、松江・広瀬・母里《もり》の三藩の分立、あるいは触下《ふれした》制、一社一令社といった、当時の藩制や神社の在り方なども影響し生じたのかもしれない。

ともあれ、出雲地方の神社建築は、豊かな歴史・伝統・地方色をもつだけに、実際にみながらその歩みと特色を知ることはまた楽しからずやである。

2　二つの小さな近世社寺建築

組物を凝らし彫刻で飾る

近世社寺建築の特徴に、組物《くみもの》（斗栱《ときょう》ともいう）(1)を多用し、彫刻装飾を豊かにほどこす点があり、それも年代が下るにつれ著しいとされる。私の住む島根県東部の雲南市に小さいながらも、こうした特徴をよく備えた例があるので紹介したい。

一つは、市内三刀屋《みとや》町三刀屋の妙法《みょうほう》寺にある番神《ばんしん》堂である。当寺は日蓮《にちれん》宗で山号を正立《しょうりゅう》山といい、寺伝によると開創は明応元年（一四九二）である。番神堂は三十番神堂ともいうが、三十番神は国土を一ヵ月三〇日間、交替して守護するとされる三〇の神々である。神仏習合思想に基づいた法華《ほっけ》経守護の三十番神が有名で、初めは天台宗、後に日蓮宗で信仰された歴史がある。

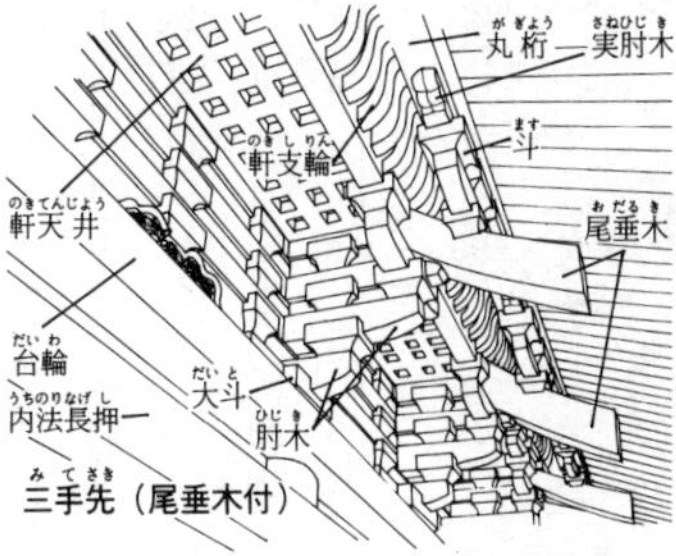

84　組物図・三手先（尾垂木付）

堂は境内向かって右手にあり、現在覆屋《おおいや》がかかる。花崗《かこう》岩《がん》（地元産）の切石を積み上げて基壇《きだん》とし、来待《きまち》石でつくった亀腹《かめばら》をおき、柄柱《つかばしら》を立て軸立する。外には縁がつき高欄《こうらん》をまわすが、縁葛《えんくず》と縁束《えんづか》との間にも斗栱を置く。縁まわりを測ると一六五㎝四方である。

間口《まぐち》・奥行ともに一間《けん》で九〇㎝ほど（三尺か）、亀腹から棟までの高さは三ｍほどになろうか。屋根は流《ながれ》造りで柿《こけら》葺、前面に千鳥破風をおき、さらに唐破風がつく。平面の規模は屋根伏《ふ》せで三二〇㎝×二五〇㎝ほどである。妻《つま》側は尾垂木《おだるき》を伴い三手先《みてさき》に組み上げ軒支輪《のきしりん》で折り上げる。その上で二重虹《こう》梁《りょう》とし、上段はさらに一手先出してこれも支輪を加えつつ大瓶束《だいへいづか》、笈形《おいがた》をおく。前方、向拝《こうはい》下には階《きざはし》、登高欄《のぼりこうらん》、浜床《はまゆか》、浜縁を設ける。向拝柱の上は連三斗《つれみつど》としたうえで、中央に透かし蟇股《かえるまた》をおく。

堂はこのように組物が多くみられるが、彫刻飾りも多い。正面向拝の桐《きり》葉文、同柱木鼻《きばな》の鳳凰《ほうおう》（阿吽《あうん》形の頭部）、懸魚《げぎょ》のほたて貝、さらに妻側の左右下段中央に置かれた象《ぞう》・貘《ばく》の霊獣である。また、破風板や尾垂木の先端などには、銅板の八双《はっそう》風金具を施す。

85　妙法寺番神堂（雲南市三刀屋町）

堂は延享三年（一七四六）九月の建立と伝わる。時の住職は当山一二世一能院日尋《にちじん》上人、願主は檀頭《だんとう》中西重助で先祖菩提《ぼだい》のため寄進したとされる(2)。中西家は、古くは三刀屋城主に仕えたというが、その後も含めて多くが不明である。とはいえ、既述のように江戸時代には当寺の檀頭を務め、番神堂が寄進できたぐらいであるから、相応の資産をもつ当地の有力者であったに違いない。

　もう一つは、前述の番神堂よりさらに組物を多用した例である。同市加茂《かも》町加茂中にある雲《くも》並《なみ》神社本殿である。市道を挟んですぐ横には加茂神社の社殿群や、いまは同市加茂総合センターとなった旧加茂町の役場庁舎がある。

　祭神は天御中主神《あめのみなかぬしのかみ》とされ、妙見菩薩《みょうけんぼさつ》とも伝わる(3)。加茂神社（現宮司内田貞文氏）の末社であり、妙法寺番神堂と同様、現在覆屋で保護される。

　基壇は来待石の切石積みで、亀腹も同じ石材である。本殿は二間《にけん》社（五三㎝四方ほど、一尺七寸か）、切妻造、妻入り。前方に海老《えび》虹梁でつないで唐破風付きの庇《ひさし》がつき、春日《かすが》造りのように屋根と庇は一体化する。ここも庇下は階、登高欄、浜床、浜縁が設けられる。

　身舎《もや》は、桁の上に尾垂木が伴う四手先を組み上げて詰組《つめぐみ》とし、軒支輪で折り上げる。後方の妻側はその上が二重虹梁で、下段は尾垂木が伴う二手先とし、もういちど

86　雲並神社本殿（雲南市加茂町）

軒支輪で折り上げ、上段は雲龍の彫刻で埋める。彫刻装飾はこのほか、向拝正面に鶴や波に亀が、中備《なかぞなえ》に波に兎《うさぎ》の動物（猿もか）、花卉《かき》（牡丹《ぼたん》や菖蒲《しょうぶ》か）などがある。

向拝も柱上を二手先の詰組とするとともに、手挟《たばさみ》に雲文、木鼻には唐獅子と透《す》かし彫りの牡丹文を用いる。また、縁を支える縁束も出組で組み上げられ、縁は擬宝珠《ぎぼし》高欄がめぐる。亀腹から棟までの高さは二三〇㎝ほど、平面の規模は屋根伏せで約一九〇㎝四方である。

本殿は慶応三年（一八六七）に勧請《かんじょう》・建立されたという。ここは本社横にあってかつて加茂神社の神主職を務めた伊古美《いこみ》氏の屋敷内であり、その祈祷所《きとうしょ》であった。そのため、本来は氏子《うじこ》と直接関係なかったが、毎年八月六日には夜祭りが行われ、近郷近在の人たちで大変にぎわったという。

なお、拝殿には「雲並《くもなみ》大明神／天日隅宮《あめのひすみのみや》御杖代《みつえしろ》・兼国造尊孫《こくそうたかひこ》（花押）」とある扁額《へんがく》が掲げられる。御杖代《みつえしろ》とは神や天皇の杖代わりになって奉仕する者をいう。千家《せんげ》尊孫は寛政八年（一七九六）～明治六年（一八七三）の人。出雲国造第七八代に数えられ、国学者、歌人でもあって、多くの歌集を残したことで知られる。

さてここでいったん話題を両例から離れることにしたい。組物を多用し、装飾彫刻で飾る近世社寺建築の例を、他所から取り上げてみる。他所といっても島根県下ではなく、隣県の鳥取市の二例である。

一つは、同市行徳《ぎょうとく》にある聖《ひじり》神社本殿である。入母屋《いりもや》造、平《ひら》入り、二間四方。屋根は銅板葺、正面に千鳥破風をおき、さらに唐破風向拝がつく。軒下の三手先、縁下の腰組（四手先）など、組物が多用されるとともに、各部位は豊かな彫刻で装飾される。文政一二年（一八二九）に成った『鳥府志《ちょうふし》』に、「国中無双《むそう》の麗宮」、「工匠巧《たくみ》を究め彫刻美を尽せリ」と表現され

87　聖神社本殿（鳥取市尚徳）

88　城山神社本殿（鳥取市鹿野町）

た。棟札《むなふだ》写しにより、宝永七年（一七一〇）の再建時のものとされ、その後寛政年間（一七八九～一八〇二）の改築を経て、現在にいたる。いま拝殿《はいでん》・幣殿《へいでん》が鳥取県の指定保護文化財である。

もう一つは、同市鹿野《しかの》町の、鹿野城跡公園内にある城山《しろやま》神社本殿である。入母屋造、平入り、二間四方。檜皮葺《ひわだ》、正面に千鳥破風がのり、唐破風向拝がつく。聖神社本殿と同様、軒下の三手先、縁下の腰組（四手先）など、これまた組物が多用されるとともに、これでもかといわんばかりに精緻《せいち》で豊かな彫刻で埋まる。

年代は江戸時代末期の、安政六年（一八五九）とされる。彫刻の絵様や彫出の深さから推して、このころのものとみて妥当であろう(4)。因みに社殿の周りには弘化三年（一八四六）銘の扇面石《おおぎめん》や石灯籠《とうろう》があり、明治一四年（一八八一）銘の石囲いが囲む。こうした点などに、幕末から近代の初めにかけての社運の盛り上がりがみてとれる。雲南市の二例と同様、小規模であり、覆屋で保護されている点も同じである。

参考にあげた鳥取市の二例、雲南市のものとは地域が離れすぎて、類例のあげ方としてはいささか唐突な感をもたれたことであろう。しかし、一八世紀半ばあたりの妙正寺番神堂と聖神社、一九世紀後半代の雲並神社と城山神社、ほぼ同じ年代のもの同士を考えて例示した。これにより、この時代の特色を示す似たような社寺建築が、地域を越えてあることを、少しなり示せたかと思う。

なお、当地の二例を紹介するにあたり、もう一つ注目したいことがある。やや大げさな言い方になるが、それは近世社寺建築が地縁社会において果たした役割のようなものである。先に雲並神社ではかつて夜祭りが行われ、人々で賑わったことに触れた。この点は妙法寺番神堂においても共通する。現住職の新間《しんま》信應《しんのう》氏によると、古老の談としてここもかつては番神さんの夏祭りが催され、にぎわいをみせたという。

建立年代や成立事情を一緒にはできないが、建立後、それぞれ地域にあって庶民が集まる場となり、催事が行われる空間となっていた。その意味で、両者はそれぞれに地域にあって、同じような歴史を辿ったといえなくもない。ここに近世後半から終わりにかけて、さらには近代にかけて、社寺建築を取り囲みながら展開した、在町・在郷共通の風景があったように思われる。

近世社寺建築の組物の多用化や装飾化が広がる背景には、江戸時代中期以降に流布《るふ》した木割《きわり》書(雛形《ひながた》)や意匠《いしょう》集の影響があった。また、建立の経済的側面を考えたとき、それを支える地域の有力な商人や檀家などの資金提供者の存在も見逃せない。それに、社寺建築を前にしては、ここに集まる地域の人たちと製作に携わった大工・職人たちの間に、みる・みられる関係があったようにも思われる。職人たちは意外とそうしたことも意識しつつ製作に励んでいたのではなかろうか。

ここでは、近世社寺建築の特徴である組物や装飾彫刻を多用した例を、筆者の居住地の近くから二つ紹介した。これまで調べたかぎりで、二例は棟札や古文書を欠き、正確な建立年代や大工や彫物師の名など、知るに至っていない。今後の調査で、もう少し具体的にできるかと思われる。

ともあれ、こうした作例を通して、近世社寺特有の建築技法や特色、また職人たちの技量のほどが知られる。時代背景や地域の歴史的環境などがわかれば、そのものの理解が深まり、近世社寺建築をみる楽しさも増すであろう。そして、なお魅力を加えれば、意外とそれが私たちのごく身近にあることである。このあたりも注目しながらみて楽しみたい。

(1)斗《ます》や肘木《ひじき》を組み合わせ、柱上に載せて軒などを支える装置をいう。
(2)「正立山妙法寺沿革」同寺、『三刀屋町誌』一九八二を参考にした。
(3)中林季高『加茂町史考　本文篇』一九五六、加茂町誌編纂会『加茂町誌』一九八四を参考にした。
なお『中村上自治会誌』一九八七には一説に妙見大菩薩を祭神とするとある。

（4）鳥取市の二例は特に彫刻に注目して、若林純編著『寺社の装飾彫刻―中国・四国・九州・沖縄編』日貿出版社、二〇一四に紹介される。二例の建立年代について参考にした。

3　出雲大社のいま一つの本殿設計図
寛文度造営時にみる二つの方向性

平成三〇年（二〇一八）一〇月、当時勤務していた仕事の関係で、福井県越前《えちぜん》市の大瀧《おおたき》神社を訪れた。展示資料をお借りする用務のため緊張の時間を過ごしたが、実はこの訪問が大変楽しみであった。というのは、神社の社殿建築を直に目にすることができたからである。少し古い話になる。これより三〇年以上も前、昭和五九年（一九八四）に同本殿と拝殿が重要文化財指定の答申をうけたとき、『文化庁月報』に載った解説と写真をみて、いつか見る機会がもてればと願っていた。それもあとで述べるある設計図との比較から、余計にそう思っていたのである。

当社が文化財に指定されたのは、「大型の一間社流《ながれ》造本殿と、その前面に建つ入母屋《いりもや》造妻入の拝殿を連結させた複合社殿である。複雑な屋根構成は他に類例のないものであり、各所に嵌《は》め込まれた丸彫《まるぼり》彫刻などの仕事も優秀で、北陸地方の近世社殿の優品として重要である」というのが理由である。いま地元観光協会が開設するホームページには、「日本一複雑な屋根をもつ」のキャッチコピーで紹介されている。

実際、写真のとおりであり、屋根の複雑さはもちろん、組物が多用され装飾彫刻が凝らされていて、十分に見応えがある。そのうえで私としては、地域色のあることを含めて、これが近世社寺建築の流れの中で誕生した、一つの典型的な事例であることに注目した。というのも、実現はしなかったものの、その姿がかつて検討された出雲大社のそれに少し重なってみえたからである。

さて、冒頭に触れたある設計図を話題にしたい。東京国立博物館が所蔵する古建築図集に、「(出雲)大社御本社」図がある

89 大瀧神社社殿(福井県)

90 同側面(妻側)をみる

（口絵25）。この図は以前から周知のものではあるが、広く一般に知られているとまではいいがたい。

本図は本殿の正面（妻側）が描かれ、中心軸をさかいに右側半分が外面を、左側半分は内部の様子を表している。右側には階隠《かいかくし》の図（側面図と正面図）が伴う展開図でもある。縮尺は八〇分の一。組物が二手先詰組、妻が二重虹梁大瓶束《こうりょうだいへいづか》で、縁にも腰組《こしぐみ》がつき、内部をみても虹梁蟇《かえる》股《また》で架構されている。

この図は、元禄一五年（一七〇二）にもと「修理」なる人物（幕府大工頭の鈴木三郎左衛門）が持っていた図を、幕府の大棟梁甲良《こうら》宗貞が縮小して写したとされるものである（実際の図はさらに明治に入り、北瓜有卿によって模写されたものという）。すなわち、原図は寛文度の造替に伴い、幕府側から提案された設計図であった。

みると、妻入り形式で屋根の形からすると大社造りである。しかし、すぐに気づかれるであろう、今日の本殿とは印象のまったく異なるものである。

そこで、よりその違いをみるために、出雲大社に残る「出雲大社御本社」図と比べることにする。縮尺は二〇分の一。この図も、先の図と同様、本殿の正面図を描き、右側につけては階隠の側面とその正面が伴う（右上にあるのは平面図）。しかし、こちらは全体が直線的な構成になり、簡素な印象を与えるものであって、先の図との違いは明らかである。

この図の右下には、松江藩の大社造営奉行ら六名の名前（花押）と、寛文八戊申年三月五日の年紀が記される。本図が寛文度に造替されたときのものであったことが知られる。寛文度における造営の経緯をみると、前者の図が最初に提案された。しかし、結果は不採用となり、後者の図のものが実現した。出雲大社側からして、前者の提案はあまりに仏殿様式のものであり、神仏分離を果たすうえからも認められなかったのであろう。復古的な建築様式に決定したことで、自らの伝統色なり独自色が発揮されたとみなされていると思われる。

ちなみに、さきごろ平成の大遷宮を終えたばかりの現国宝本殿は、延享元年（一七四四）の軸立になる

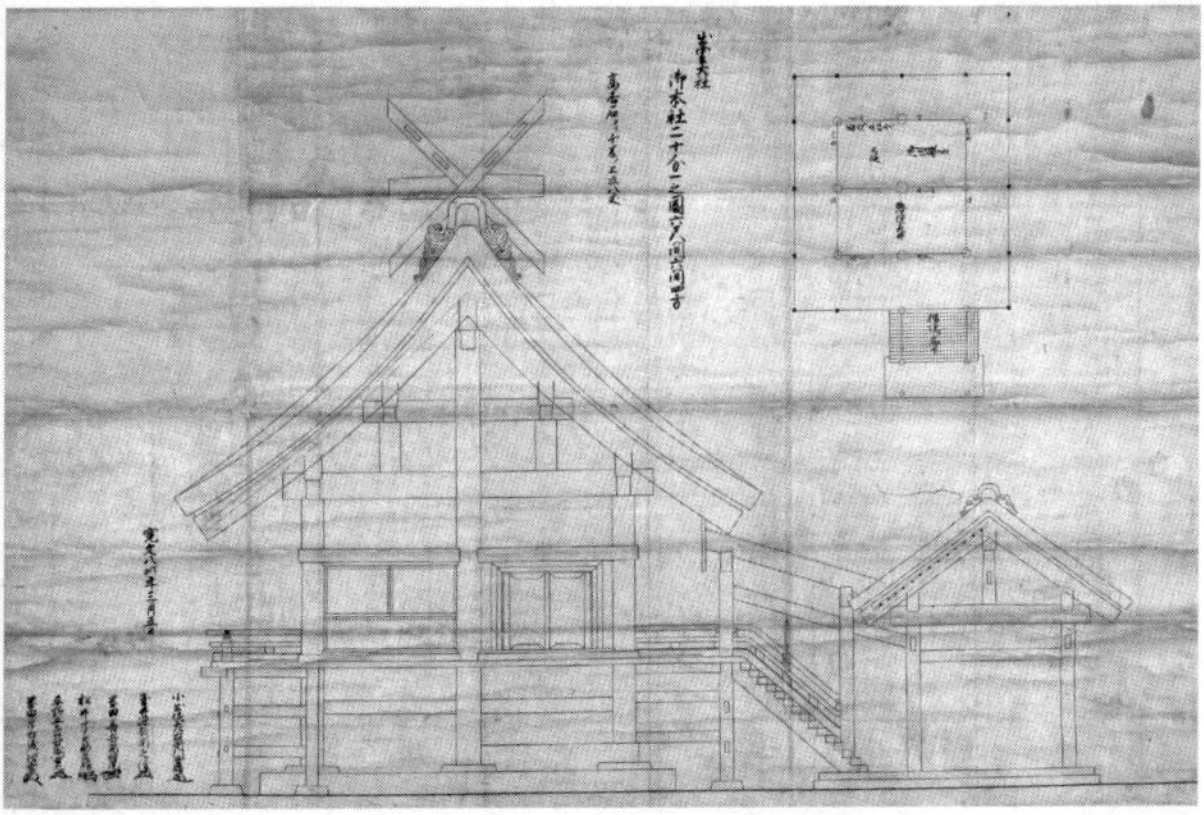

91　「出雲大社御本社図」（出雲大社蔵）

が、これもこの寛文度の図の本殿様式を継承しいまにつながっている。大社造りは平面形が九本柱からなり、妻入り形式のものであることは、いまさらいうまでもない。しかし、基本形は同じでも外観上、設計によっては恰《こう》もみた目が変わるのかと、両者の図あるいはいまある本殿の姿と比較してみて、あらためて気づかされるのである。

出雲大社の歴史からすれば、廃案となった設計図の存在までことさら取り上げるほどのことではないであろう。しかし、近世において社寺建築が広く指向していた方向性、すなわち組物を多用し彫刻で飾るという建築様式のものが、この時点で具体的な案として、それも幕府側から示されていたという事実は見落としがたいものがある。設計に直接携わった大工の意向も含めて考えるに、決して突飛で特異なものではなかったように思われる。

小文で先の設計図を問題にしたのは、それが時代が求めていた一つのスタイルでもあって、具体的な案として俎上《そじょう》にのぼっていたという事実経過である。その意味で、十分注目に値すると考えた。細かなことながら、もう一度前者の図に戻ると、二重虹梁がかかる妻側には、「雲」「龍」「波」と朱書きの文字が入り、雲龍などの装飾で埋まる設計であったことが知られる。このとおりに完成したのであれば、組物だけでなく、装飾、さらには彩色も加わって、華麗な本殿に仕上がっていたことであろう。冒頭で大瀧神社の社殿のことを取り上げたのは、それに似たものが私に想像されたからである。
繰りかえすが、近世社寺建築の流れからみると、不採用になりながらも、こうした仏殿様式の図面が描かれていたことにおいて、出雲大社の歴史にも近世的表現を指向する方向性のあったことが知られて注目した。

参考文献
・濱島正士『設計図が語る古建築の世界　もうひとつの「建築史」』彰国社、一九九二
・国立歴史民俗博物館編『古図にみる日本の建築』一九八九
・藤沢彰「出雲大社の慶長度造営本殿について」『日本建築学会計画系論文集　第506号』一九九八
・岡宏三外『平成の大遷宮　出雲大社展』島根県立古代出雲歴史博物館、二〇一三

4　古建築文化財への関心と変わらぬ思い

文化課（現文化財課）に勤務してすぐ、先輩から与えられた仕事の一つに、ある刊行物の編集

作業があった。文化庁の補助を得て行われた、島根県下の近世社寺建築緊急調査に伴う報告書の作成である。任されたのはトレースが済んだ個々の図面を並べて、版下《はんした》(印刷用の原版)をつくる作業であった。

版下製作は、学生時代から遺跡調査の報告書づくりに関係していたので、まったく知らない世界ではなかった。でもいきなりのこと、墨入れ(清書)されたきれいな建築図面を前に緊張した覚えがある。このとき文化財の一分野、建造物の一端に触れたことが、それ以来、歴史的建造物、特に社寺建築に興味をもつきっかけとなった。

二年ほどが経ち、私の関心なり意欲を手助けしてくれる小冊子を、ある方からいただいた。日本建築史研究会発行の『近世社寺建築の手引き—みかたと調べ方』一九八三である。当時文化庁建造物課の調査官で島根県にゆかりのある益田《ますだ》兼房氏からのプレゼントであった。

本書はA六判、二四ページ、大変小さなガイドブックである。そこには近世社寺建築のことが分かりやすくコンパクトにまとめられていた。これが大変参考になり、私を抵抗なく建造物の世界へ誘ってくれた。その後、古建築関係の本をいくつか購入したりして、少しずつ知識を得たように思う。

面白いことに、ほどなくして指定文化財の建造物について、執筆の依頼が舞い込んだ。文化財関係の建造物に詳しい人が、身近にいなかったからしい。私はこの依頼を、ものは試しにと引き受けてしまった。そこで書いたのが「居並ぶ神社建築－出雲地方の歴史と特色から－（原題）」である（↓四－1）。また、無記名をいいことに当時県下にある国・県指定の建造物すべてについて、ある建築事典の執筆もした。いま思えば冷や汗もの、若気の至りである。でもこうしたことを通して、浅くだが建造物の分野や社寺の歴史について学ぶことができた。仕事が楽しく、稚拙《ちせつ》ながらも概要を文章に短くまとめる、なによりの訓練になったと思う。

話変わって、これは私の個人的な好みについてである。島根県下の指定文化財で、社寺建築からお気に入りのものを一つずつ挙げなさいといわれれば、迷わず次のものをあげる。

神社建築では松江市の神魂神社本殿（国宝、安土桃山時

92　万福寺本堂（益田市東町）

代）、寺院建築では益田市の万福寺《まんぷく》本堂（重要文化財、鎌倉時代）である。理由となると、前者は屋根に反《そ》りがなく、高床《たかゆか》で太い柱で軸立された力強い構造がなにより魅力的である。また後者は、横に広がる母屋の安定感と、四隅に流れる寄棟《よせむね》の屋根とのバランスがこれまたシンプルで美しいと思うからである。もちろん、それぞれ固有の歴史と特色があり、いまもその場所にあるという存在自体が魅力になっていることはいうまでもない。

そして、もう一つ魅力に感じていたこと、それは所有者の方のお人柄があった。神魂神社の秋上《あきあげ》洋二前宮司と万福寺の神一倫道《こうかずりんどう》前住職である。仕事で双方の所有者の方と何度かお会いする機会があったが、ともに文化財を守ろうとする強い意志、実直で寛容な心で接していただいた人柄に魅せられた。

またまた話題をかえるが、冒頭の緊急調査のつづきである。近世社寺建築という括《くく》りの中、このときの成果などを踏まえ、昭和五七年（一九八二）に県から国の指定文化財（重要文化財）になった神社建築が二件ある。松江市鹿島町にある佐太《さだ》神社本殿と、同市美保関町にある美保《みほ》神社本殿である。緊急調査では、特に大社造の変遷が注目された。そのこともあって、変容過程にある特異な構造形式のものが選ばれ、先の指定につながったと聞く。この時は寺院建築からの指定はなく、地域的にみると石見や隠岐のものが一つも選ばれていない。調査の対象なり評価する視点に、一定の制約・限界があったことは否めないところかと思われる。

もちろん、石見や隠岐のものがその後において評価の対象にならなかったわけではない。隠岐では西ノ島町の焼火《たくひ》神社、隠岐の島町の玉若酢命《たまわかすみこと》神社、同水若酢《みずわかす》神社が、県から国の指定文化財となった（いずれも平成四年〈一九九二〉）。石見では津和野町の三渡《みわたり》八幡宮が県指定となり（同七年〈一九九五〉）、また同町の鷲原《わしばら》八幡宮が県から国の指定文化財となった（同二三年〈二〇一一〉、中世建築の名残りが評価される）。

このほかでは、出雲大社のように、国宝本殿とはべつに、境内にある構成資産群が全体で指定されて、保護の拡充が図られたものがある（同一六年〈二〇〇四〉）。加えて六年後には境外社六棟が県指定文化財となった（同二二年〈二〇一〇〉）。寺院建築においては、石見津和野町の永《よう》明《めい》寺の本堂ほか三棟が県の指定文化財となった（同五年〈一九九三〉）。

このように、県下各地にある近世社寺建築への評価が進み、指定物件が広がっていることはなによりである。

話題が建造物の指定の歩みにまで及んだので、最後にこうした建築遺産の保護のあり方について、いまも課題に思うことを少し述べてみたい。これは島根県の文化財保護行政の中にあって当局に真剣に考えて欲しいことの一つである。この分野はこれまで、歴史的建造物に精通する専門職員が配置されたことがない。今日考古学や古代史の人たちはたくさんいるけれども、残念ながらこの分野へは一人も置かれることなく現在に至っている。

すでに指定された文化財建造物を保存し継承・活用していくのは、いうまでもないことである。しかし、それらにあっても指定後の状態を調査したり、新しい視点や最新の保存技術によって見直す、あるいは再評価していくことが、新たな資料の発掘も含めて、大切な仕事としてであろう。歴史的な建築物は街づくり・地域づくりの観点からも重要な要素である。それは専門的な知識・技術を有する職員が携わることで担保《たんぽ》され進展もする。島根県は、他県に比べても特徴的で優れた歴史的建造物に恵まれているといわなければならない。その認識に立てば、いやだからこそ専門職員の配置が必要である。これはこの分野へいだいていた、以前から変わらぬ私の思いである。

前文では二つの小さな近世社寺建築を取り上げた(↓四－2)。これはたまたま私の目に入った建造物にしか過ぎないかもしれない。ではあるが、社寺建築というジャンルの中にあって、こうした身近にある小さくて目立たない存在にも光があたることを望むものである。

五、大般若経のある風景

93　高野寺の大般若経には室町期の経櫃も伴う。側面の朱書をみると、左側の「大般若経也」はそのままだが、右側の「十三所大明神」は擦り消されている

1　経典類から知られる島根の歴史・文化

大般若経など、島根県下の経典類について調査するようになってから一〇年以上がたつ。きっかけは、出雲市高野《こうや》寺蔵の中世大般若経の重要文化財指定に先立って行われた調査に同行したときであった。

同経は、鎌倉時代の正応《しょうおう》年間（一三世紀後半）、宋《そう》人浄蓮が足かけ五年をかけてほぼ一人で筆写した、六〇〇巻からなる大部な経典である（現存するのは五九五巻）。そのころ得《とく》宗家《そうけ》領（執権《しっけん》北条貞時かと推定される所領）であった須佐《すさ》郷（現同市佐田町）の十三所大明神（現在の須佐神社）に奉納されたものので（口絵32）、後に事情あっていまの高野寺に移った経緯をもつ（→五－4）。

なぜこんなところに中国人が書写した経典があるのか、

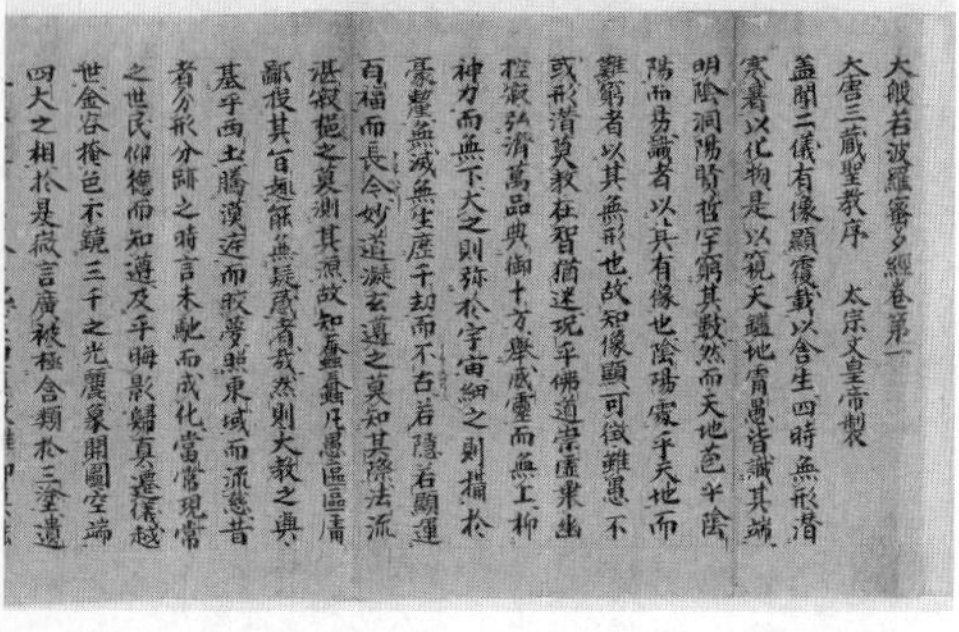
大般若波羅蜜多經卷第一
大唐三藏聖教序　太宗文皇帝製
蓋聞二儀有像顯覆載以含生四時無形潛
寒暑以化物是以窺天鑑地庸愚皆識其端
明陰洞陽賢哲罕窮其數然而天地苞乎陰
陽而易識者以其有像也陰陽處乎天地而
難窮者以其無形也故知像顯可徵雖愚不
惑形潛莫覩在智猶迷況乎佛道崇虛乘幽
控寂弘濟萬品典御十方舉威靈而無上抑
神力而無下大之則彌於宇宙細之則攝於
豪釐無滅無生歷千劫而不古若隱若顯運
百福而長今妙道凝玄遵之莫知其際法流
湛寂挹之莫測其源故知蠢蠢凡愚區區庸
鄙投其旨趣能無疑惑者哉然則大教之興
基乎西土騰漢庭而皎夢照東域而流慈昔
者分形分跡之時言未馳而成化當常現常
之世民仰德而知遵及乎晦影歸真遷儀越
世金容掩色不鏡三千之光麗象開圖空端
四八之相於是微言廣被拯含類於三塗遺

94　大般若経（巻第一の巻頭部分、高野寺蔵）

興味がもたれた。中国では、一二七九年にモンゴルに圧されて宋が滅びた。宋の知識人や僧侶の中には日本へ亡命する人たちがいたとされるが、浄蓮はそのうちの一人ではなかったかと推察した先学がいる。宋人が書写した大般若経は、ほかに現広島県正法《しょうぼう》寺や滋賀県西明《さいみょう》寺に伝来する。詳《つまび》らかにできないが、出雲の地にある資料が、当時の東アジアの動向とも関連しながら伝来しているとなれば驚きであり、歴史の大きな流れの中にある一経典といってよい。

そして、その後も継続して調査することになった注目点が、もう一つある。

大般若経は、国家や人々の安寧《あんねい》に効力があると考えられ、古くから寺社を中心に利用されてきた。今日も地区の民俗行事でみかけるところがあり、地域社会で大切にされてきた経典でもある。その点でいうと、本経には明治初年ごろとみられる、多くの寄進者名が記されていて、別の興味をひく。この時期に大きな修理がなされたようで、おそらく浄財が募られたのであろう、地域の人々が名を寄せ、それもかなりの範囲に及んでいる。具体には挿

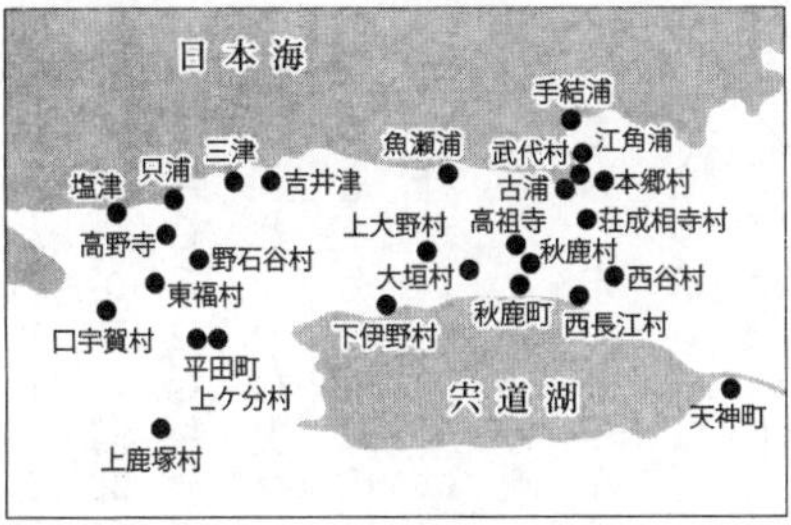

明治期に記された施主名の位置図

図が示すとおりで、この例では島根半島部を中心に広がっているのがわかる。本経をめぐる後代の庶民レベルの信仰の有り様がうかがえるかと思われる。

一経典であっても全体の歴史とどう絡んでいるのか、あるいは地域の人々とどう関係しているのか、といった視点でみていくと、およそ一般の世界とはほど遠い存在に思われる経典類であっても、それなりの歴史や文化がみえてきて面白い。冒頭では、いま高野寺に伝わる中世の大般若経が、かつては須佐神社にあったことに触れた。本経がここを離れたのは、江戸時代前期に行われた神仏分離が原因するとみられる。しかし、これが重要文化財であることは承知していても、先のような歴史的経緯なり事情をもって伝来する資料であることを、具体に知る人は意外と少ないのではなかろうか。

これまで島根県下に残る経典類で、中世に遡《さかのぼ》るものの調査だけでも一〇件を越えた。目的の第一は、これまであまり注目されることがなかった、この種資料の有無や遺存状況を知ることである。そのうえで、十分とはいえないが、こうした資料の時代ごとの推移や地域的な様相の違い、そしてそれを踏まえた宗教文化の一端なりが明らかにできればと考え、調査をつづけている。

2 島根県下の二つの紺紙装飾経　歴博本神護寺経と右田家本妙法蓮華経

島根県下の経典類を調べる中、平安時代から鎌倉時代にかけての貴重な装飾《そうしょく》経二例を拝見する機会があった。一つは島根県立古代出雲歴史博物館が所蔵する神護寺《じんごじ》経と呼ばれるもの、もう一つは県西部の個人の方が所蔵する妙法蓮華経《みょうほうれんげきょう》の優品である。ともに島根の歴史とは直接結びつかないが、古代末から中世初期において隆盛をみた紺紙装飾経の実例が知られて貴重である。

(1) 歴博本「陀羅尼門諸部要目」

博物館の所蔵品は、「陀羅尼門諸部要目《だらにもんしょぶようもく》」と題する一巻である。巻子《かんす》装、紙幅二六・七㎝、軸は鍍金撥型《ときんばちがた》で宝相華《ほうそうげ》唐草文を施す。表紙に金銀泥で唐草蓮華文が描かれ、見返しには霊鷲山《りょうじゅせん》のもとで、脇に二菩薩・二僧形を置きながら、釈迦《しゃか》が説法する図が金銀泥で描かれる（口絵34・35）。本文は一行一七字を基本とし、紺紙に銀罫《ぎんけい》を引き金字を入れる。「陀羅尼門諸部要目」は、唐の不空《ふくう》の訳によるもので、真言《しんごん》の諸部について要義が列される(1)。

本経で注目されるのは、首題の下に捺《お》された「神護寺」の朱《しゅ》長印である。その文字が示すとおり、京都市右京区高雄《たかお》の高雄山神護寺（真言宗）にもと伝来した、いわゆる神護寺本の称で知られるものである。すなわち、南北朝時代に成ったとされる『神護寺略記』にみえる、鳥羽《とば》天皇（一一〇三～一一五六）が発願した一切経であって、後白河法皇《ごしらかわほうおう》（一一二七～一一九二）のときに安置されたものにあたる。もともと五四〇〇巻以上あったとみられるが、現在は二三一七巻が同寺に伝わり、重要文化財の指定をうける(2)。民間に流出したものも多いとされ、本経もその一つといえるかと思われる。

島根県が本経を所蔵するまでは、松江出身で美術工芸品の研究・蒐集《しゅうしゅう》家として知られた桑原羊次郎《くわばらようじろう》氏の所蔵品であった。同氏は慶応四年（一八六八）～昭和三〇年（一九五五）の人、著作に『島根県画人伝』や『日本装剣金工史』などがある。記録をみると、本経は明治三六年（一九〇三）に神護寺関係者から寄贈を受けたもので(3)、没後当家から島根県に寄贈された。

島根県下、紺紙で見返しに釈迦説法図を描いた遺例は多くない。管見《かんけん》ではほかに鰐淵寺所蔵の「妙法蓮華経」八巻（島根県指定文化財）や、松江市内の二寺院に伝わる「大般若波羅密多経」四巻（未指定）を知るぐらいである(4)。

(2) 右田家本「妙法蓮華経」

県西部にある法華経は、津和野町高峯《たかね》の右田《みぎた》泰夫氏の所蔵品である。鹿足郡畑迫《はたがさこ》村長などを務めた先代の重信氏が昭和三〇年代に入手したものである。

本経は紺紙金泥の「妙法蓮華経安楽行品《あんらくぎょうぼん》」一巻である。巻子装で、紙幅二六・七㎝、軸は鍍金撥型で宝相華唐草文が施される。ところどころ剥落《はくらく》がみられるものの、本紙表側の天地部分には、金・銀の切箔《きりはく》及び砂子《すなこ》が一面に撒《ま》かれる。界線より内側には装飾はないが、金銀泥で三重に界線を引いて、金泥で文字を書写する(口絵36)。

界を三重に入れるやり方は、鎌倉時代特有のものとされ、埼玉県慈光寺《じこう》の法華経一品経《いっぽん》(国宝)に類例がある。それに本経は装飾が裏面にも施され注意をひく。すなわち、金・銀の切箔および砂子が霞引きに撒かれ、加えて金銀泥で蓮唐草や鳥などの文様が描かれる(口絵37・38・95)。本経の一番の特色はこうした装飾等にあり、見ごたえがある。

注目点としてもう一つ欠かせないのが、首題の「妙法蓮華経安楽行品第十四」の下にある次の割書《わりが》きである。

熊野本宮□(将)軍家
御奉加四部内

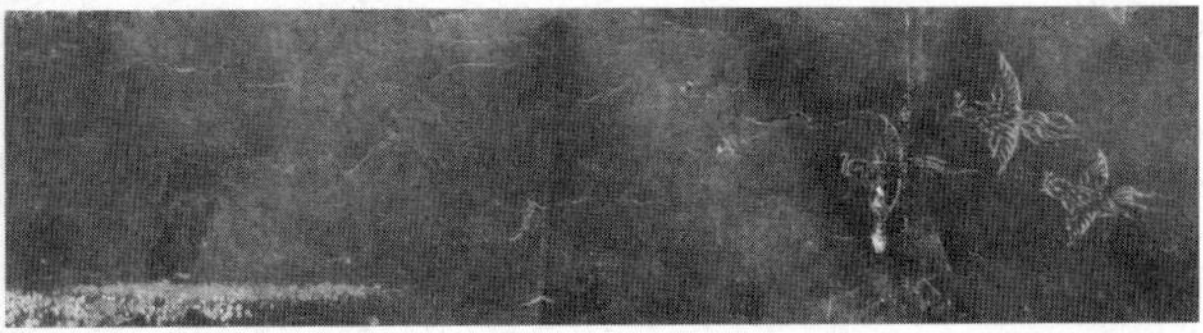

95　霞引き、鳥文

96　割書部分の拡大

五文字目は摩耗《まもう》するものの、つぶさに観察すると「将」としか判読できないと、研究者から指摘された。私もこの判読には納得である。つまり「将軍家」と読め、となると鎌倉将軍家であって、ここから熊野本宮へ奉納されたものと理解される。「四部内」の四部とは、法華経四部のことである。当時、法華経二八品《ほん》に加えて「無《む》量《りょう》義《ぎ》経」と「観《かん》普《ふ》賢《げん》経」を合わせた三〇巻を一セットとするのが慣例とされていた。三〇巻が四部であるから、都合一二〇巻であり、本経はそのうちの一巻ということになる。しかし、これ以外どうなったのか、大きななぞが残った。

ここまで記した概要や類例などを含めて、本経を知るのに貴重な著作がある[5]。本経を入手された故右田重信氏が著したもので、書名は『熊野写経の旅』。自身が一二年間にわたって類例を探し求めて行脚《あんぎゃ》された回顧録である。この旅で出会った人は二四〇人余り、ここまで精力的に歩き回られた行動力に感心する。それほど本経が魅力的であったということであろう。

本書には、古筆《こひつ》学研究で著名な小松茂美《こまつしげみ》氏から序文が寄せられた。また同じく当時東京国立博物館の職員で、書学・書道史が専門の古谷《ふるや》稔《みのる》氏の解説と論考が載る。先に「将」の字を判読したとする研究者とはこのお二人である。古谷氏はここで、源《みなもと》頼朝《よりとも》なり政子《まさこ》が熊野三山に法華経を納経したという記録はないものの、結論的には源家奉納の写経たることに疑いを容《い》れないと述べる(6)。そして、この経巻は今日まったく類例をみない珍奇な遺品であって、その価値はいよいよ高いものがあると結んだ。

本書は単に回顧録にとどまらず、学術的にも十分価値のあるものである。右田氏が探し求めた悲願の類本は、いまもって発見されていない。ではあるが、これ自体魅力的な装飾経であることにいまも変わりはない。

紹介が後になったが、歴博本は昭和一八年(一九四三)一〇月一日に重要美術品に認定、右田家本は同四九年(一九七四)一二月二七日に当県の指定有形文化財に指定され、いわば周知のものである。しかし、これまであまり公開されたことがなく、現品を実際にみたという方は少ないのではなかろうか。

装飾経、とりわけ紺紙金泥経は、一二世紀代から一三世紀初めにかけて流行した歴史的な産物であり、美しく見ごたえのあるものである。その意味で、日本の歴史と絡《から》ませつつ、当時の美意識を知るのに、既述の二例は県下にあって好資料かと思う。それに類例を追い続けたり、文化財的な価値を探求しようとした人たちの、情熱的な行動や深い考察のほどが知られて面白い。

(1)『補訂仏教大辞典』一九二八

(2)山本信吉「神護寺経」『国史大辞典』第7巻一九八六。経帙二〇二枚、黒漆塗経櫃四五合とともに重要文化財の指定である。

(3)桑原氏はこれを明治三六年(一九〇三)に京都高雄山神護寺の執事から寄贈を受けたものと記録する。

(4)拙稿「松江市所在の二つの紺紙金字大般若経－迎接寺本と東泉寺本の資料紹介とその伝来事情をめぐる一考察－」『古代文化研究』27号二〇一九

(5)右田重信『熊野写経の旅』「熊野写経の旅」刊行会一九七三

(6)三通りの推察が成り立つとしている。すなわち、①頼朝が熊野三山を修築した時の落慶法要に際して行われた経供養の時のもの、②将軍家が熊野三山参詣に際して行った経供養の時のもの、③将軍家が院の参詣など、将軍家とはまったく別の参詣者に託した時のもの、である。また紺紙金泥の法華経四部を調進する経済面側面からしても、その可能性が極めて高いとしている。

3 鰐淵寺の紺紙銀字華厳経　文禄の役に伴う渡来品

一九七八年、森口市三郎《もりぐちいちさぶろう》氏によって出雲市別所町にある鰐淵寺が所蔵する文化財一〇〇件近くが報告された(1)。これは古文書を除いた数であるが、その中に「紺紙銀字大方広仏華厳経《こんしぎんじだいほうこうぶつけごん》」の名で紹介された一経典がある。大方広仏華厳経は大乗《だいじょう》経典の一つで、単に華厳経とも称される。本経はこれまで注目されることはなかったが(2)、文禄の役に伴い、毛利氏について朝鮮に渡った出雲国ゆかりの三沢《みざわ》氏が、現地から持ち帰り杵築《きづき》大社(出雲大社)に寄進したとわかる資料である。

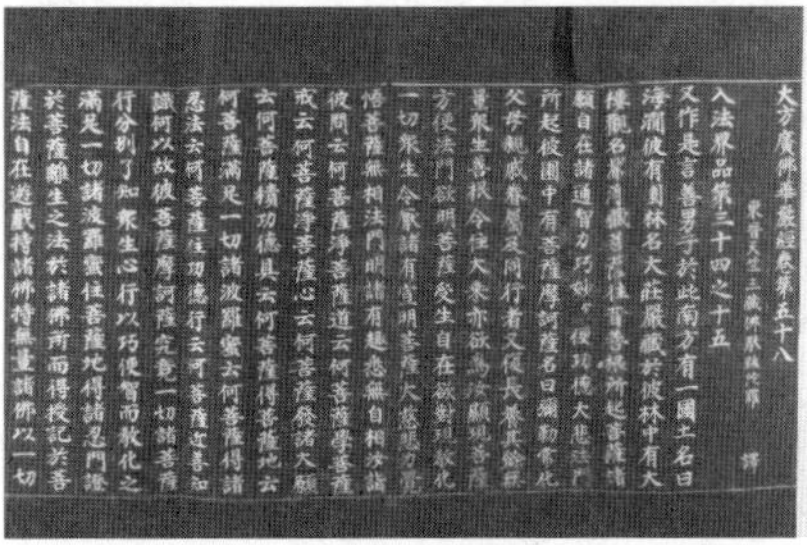

97　鰐淵寺経の巻頭部分

(1) 概要と巻末裏面の識語《しきご》

本経の概要を記す前に、森口氏が先の報告書でどのように紹介したか確認しておきたい。書跡・典籍《てんせき》一二件のうちの七番目にあり、次のようにみえる。

紺紙銀泥大方広仏華厳経　一巻
縦三〇・八　銀字金罫　一行一七字　第五十八巻
文禄三年(一五九四)　桃山時代

以上が記事の全てである。経典の種類、法量《ほうりょう》、年代など、ある程度知られるものの、杵築大社への奉納品であるといった情報は記されていない。森口氏は承知されていたのであろうけれども、紙面の都合もあってか、残念ながら表現されなかったようである(3)。

いま本経は島根県立古代出雲歴史博物館の寄託《きたく》品である。近時調査する機会に恵まれたので、以下あらためて概要から記すことにしたい。

本経は、紺紙銀字大方広仏華厳経の巻第五八である。折本《おりほん》装、法量は縦三〇・八cm、横一〇・九㎝あり、厚さは一・八㎝ほどである。紺紙に金泥で罫線《けいせん》を引き、銀泥で文字を入れる。文字は乱れることなく謹直丁寧に筆写される。一面六行、一行一七字。罫線の幅は横一・八㎝で、上端に六・〇㎝、下端に四・一㎝の余白をもうける。一紙は長さ六五㎝ほどであって、ノリ離れはするものの、保存状態はよい。日本国内のものではなく、年代も一五九四年以前とみて誤りない。

本経で注目されるのは、巻末側の裏面に記された、次の識語である（口絵39）。朱書きによるもので、明らかに後筆である(4)。

奉籠雲州杵築大社　御宝前
唐本　華厳経一巻
三沢七郎兵衛尉 高麗陣之砌求之令寄進
凡此経者頓極頓速之妙理談法界
唯心之覚了故華厳法華者仏恵
同之雖然此経者専明菩薩之因分爰以
開八識因地之花厳九識果地之内識故云花
厳云誠難値億僧祇経巻也見聞觸知

之因縁猶近菩提若然者信心之檀那依
奉納功徳成二世安楽之所願耳
文禄三年午甲今月吉日　取次別火祐吉

これによると、本経一巻はもともと三沢七郎兵衛尉《じょう》が、二世安楽を願い功徳《くどく》を得んとして、杵築大社宝前に寄進したものである。奉納されたのは文禄三年（一五九四）であり、経緯として高麗《こうらい》の陣の砌《みぎり》に求めたことが知られる。つまり、本経は文禄の役に伴い彼の地から持ち帰えられたものであった。また、この寄進に当たっては、杵築大社の別火《べっか》祐吉が取次をなし識語を認《したた》めたことも分かる。

(2) 寄進の関係者と杵築大社の経典類

文禄・慶長の役は、周知のとおり、文禄元年（一五九二）にはじまり、翌二年（一五九三）に休戦した文禄の役と、慶長二年（一五九七）の講和交渉決裂により再開され、翌三年（一五九八）豊臣秀吉の死をもって日本軍の撤退《てったい》で終結した、慶長の役を合わせた戦役をいう。本経は前者の役によってもたらされ、休戦状態にあった両役の間に寄進されたとわかる資料である。

三沢氏といえば、信濃《しなの》源氏を出自とし、中世出雲国の仁多《にた》郡三沢郷に本拠をおいていたことで知られる。戦国時代、尼子氏の傘下《さんか》にあり、天文九年(一五四〇)八月一九日付の「江州竹生《ちくぶ》島《じま》造営奉加帳」(宝厳寺文書)(5)には、出雲国人衆《こくじんしゅう》の一人として上位に位置している。のちに三沢氏は毛利氏に従い、江戸時代に入ると毛利支藩の長府《ちょうふ》藩の家老《かろう》職を世襲した。

戦国末期から江戸初期にかけた三沢氏の当主に、三沢為虎がいる。元亀二年(一五七一)～寛永二年(一六二五)の人である。為虎は慶長二年に朝鮮へ渡航し、毛利軍として蔚山《うるさん》城の攻略に手柄を立て、豊臣秀吉の感状《かんじょう》を受けたことが知られる(6)。断定はしかねるが、七郎兵衛尉は為虎であった可能性があり、文禄の役にも参戦していたのではなかろうか。この従軍で異国の文物が入手でき、それを同氏ゆかりの地であって、出雲国内のもっとも有力な社寺、杵築大社へ寄進したと考えられる。

別火家は、杵築大社の神主国造《こくそう》家に次ぐ上級神職にあって、上官《じょうがん》と並んで、別火職という重要な役割を担った家柄である。すなわち、別火は、遷宮の際のご神体通行の道清め(延道《えんどう》役)や、本殿・宝殿の鍵管理や扉の開閉(鎰《かぎ》役)、あるいは年間の最大行事である三月会《え》における主導的な役割を担うなど、特別な役割を果たしていた(7)。

識語には、華厳法華《ほっけ》、菩薩之因分《いんぶん》、あるいは八識《はっしき》・九識《くしき》といった、多くの仏教用語がつづく。本経奉納の取次が別火のもとでなされたのも、別火にそうした知識や理解があってのことではなかったかと推察する。神仏習合時代における杵築大社において、これも別火が担った固有の性格なり役割の一つではなかったかとみて注目する。

ところで、本経はその後大社ではなく、鰐淵寺に伝来することとなった(8)。これには、一六六〇年代の寛文年間に実施された同社の神仏分離が原因していると考えられる。よく知られるように、このときの神仏分離は大社境内から仏教色を一掃するものであった。経典類にあっても例外ではなかったとみられるが、本経の移動はまさにそれが原因していると思われる(9)。

以前(10)、文禄・慶長の役に伴う渡来品として、須佐神社所蔵のクリス形鉄剣を紹介した。これまであまり知られなかった資料であるが、今回レポートした鰐淵寺所蔵の本経も同様と思われる。このような渡来品の事例は島根県下、他にもあるであろう。そう意識しながらこれからも調査を重ねてみたい。

(1) 森口市三郎「鰐淵寺文化財について」『島根県立博物館　調査報告　第一冊』島根県立博物館　一九七八。島根県立博物館が開館二〇年近く経ってはじめて発行した、記念すべき第一冊目の調査報告書に載る。これは同寺の収蔵庫改築に伴い、約二年間寺宝が預けられたことにより得られた成果でもあった。本書の序文には、鰐淵寺の収蔵庫改築を機会に、約二年間にわたって寺宝が預けられたことや、寺宝の調査研究、展示公開にまたとない好機となったとある。同年には「鰐淵寺宝物展」も開催され、本経も展示された。

（2）近年、鰐淵寺では文部省科学研究費助成による史資料の総合調査が実施された。しかしながら本経については触れられておらず、情報として抜け落ちており残念である。

（3）いまに残る当時の調査カードから推し量られる。旧県立博物館を引き継ぐ、島根県立古代出雲歴史博物館内図書室の「森口文庫」の中に収められている。以前、筆者が在籍時に知った資料であった。

（4）なおこの部分には、本経成立当初の「晋経第五十八　十五幅」の記入もみえる。

（5）滋賀県竹生島宝厳寺所蔵文書

（6）『仁多町誌』仁多町一九九六、高橋一郎「三沢為虎」『島根県歴史人物事典』一九九七。

（7）長谷川博史『戦国大名尼子氏の研究』吉川弘文館二〇〇〇

（8）なお、本巻を修める箱には、外側に「唐本華厳経／鰐淵宝蔵」、内側に「唐本華厳経　壱巻／山内和多房所蔵之品也、明治四十三年十一月／勤王会執行之砌納宝庫者也／泰運代」とあって、これが鰐淵寺和多房にあったことが知られる。

（9）本稿の趣旨から離れるのでこれ以上は述べないが、同社における経典類の様相については、これまであまり注意が払われなかった部分である。冒頭で取り上げた森口氏の報告には、鰐淵寺の資料には本品以外に紺紙金字大般若経があることも知られる。これもおそらくはかつて杵築大社にあったものと推測する。この点については、改めて問題にしたいと思う。

（10）拙稿「須佐神社所蔵のクリス型剣－文禄・慶長の役に伴う渡来品の一例－」『季刊文化財』第144・145合併号二〇一九

4　高野寺と中世大般若経

出雲市（旧平田市）野石谷町《のいしだにちょう》にある高野寺は、古くからの真言宗寺院として、また重要文化財指定で鎌倉時代の一筆《いっぴつ》書写経である大般若経が伝来することで知られている。しかし、当寺の歴史については残された史料がごく僅かとあって不明な点が多く、大般若経にあってはどのような経緯で当寺に伝来するのか、はっきりしていない。

(1)高野寺と近世史料

高野寺は、島根半島部に連なる湖北《こほく》山地の一角、標高三一一mを測る高野寺山の南側の山腹に位置している(口絵31。山陵の右端側)。眼下には宍道湖、出雲平野がひろがり、遠くは大山、三瓶山などが眺望できる恰好《かっこう》の地である。本尊は聖観世音《しょうかんぜおん》菩薩であり、高野山真言宗に属す。現在は無住で、奥の院以外に建物はなく、市内平田町の城西寺《じょうさいじ》(住職高橋弘道氏・当時)により兼務される。

高野寺について書かれた文献には(1)、戦前は昭和四年(一九二九)に刊行された『久多美《くたみ》村誌』がある(以下『村誌』とする)。編著者の原運一氏は当寺の歴史を概説するとともに、累代《るいだい》住職・堂宇・仏像および什器《じゅうき》について述べ、付記として法性阿闍梨《あじゃり》の伝記、「楯縫《たてぬい》郡高野寺縁起」(以下では『縁起記録』とする)や、棟札《むなふだ》資料を載せる。

戦後は昭和二八年(一九五三)、再び原氏により『村誌』の改

98　高野寺遠景　標高250メートルほどのところにある(↓印)。平田船川河口付近より望む

訂が行われたが、同寺については後述の大般若経に関係したこと以外に新たな記述はみられない。その後、同四四年（一九六九）に『平田市誌』が刊行され、近年は平成四年（一九九二）に『郷土誌はやさめ久多美』、同一〇年（一九九八）に『郷土史ひらた』、また最近では同一二年（二〇〇〇）に『平田市大事典』と続くが、近世以前に関しては『村誌』の内容と変わらない。

　これらによれば、①高野寺は高野山（または胎蔵《たいぞう》山）遍照《へんしょう》院といい、開基は弘法大師と伝え、鎌倉時代に法性阿闍梨によって中興された、②以来寺運は隆盛し、出雲の高野山ともいわれたが、天正年間尼子氏の兵火によって旧記・証文などを失い、以降衰退した、③江戸時代、八束郡秋鹿《あいか》村高祖《こうそ》寺の住職が兼務する時期があり、大律師丈雄比丘《びく》が当山を兼務

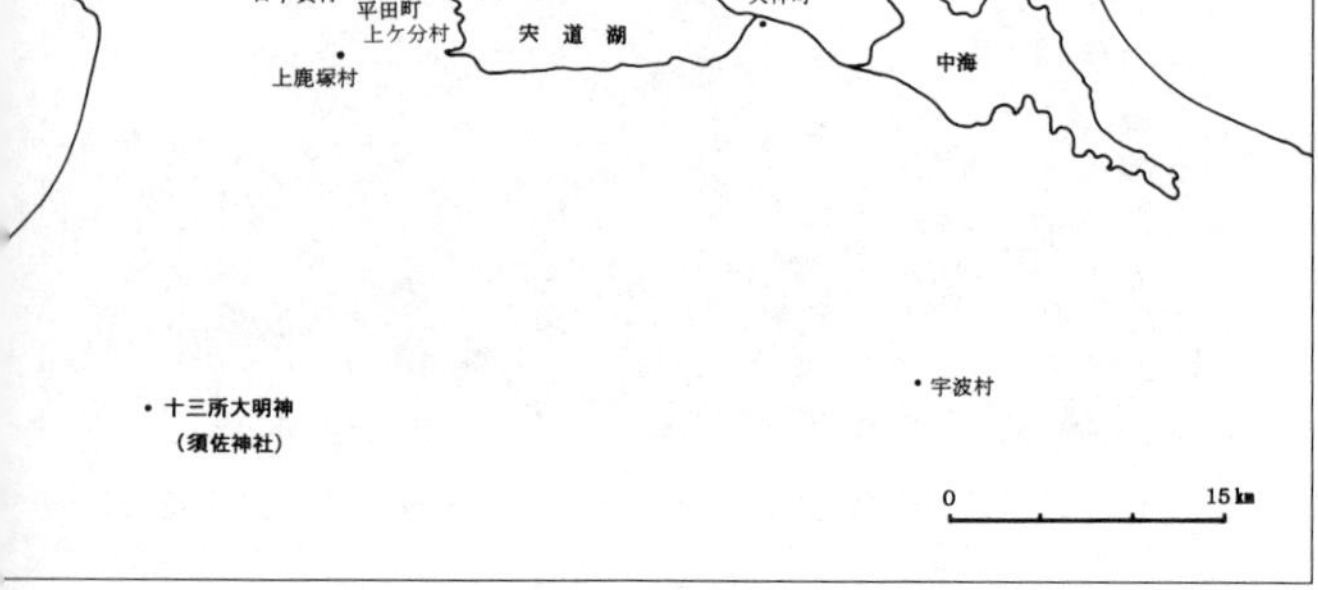

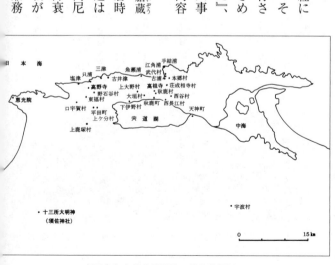

高野寺と大般若経関連の地名位置図

再興した、④弘化五年(一八四八)には本堂が焼失し(以降、聖観世音菩薩が本尊とされる)、文久元年(一八六一)に本堂が再建された、これが寺史の大まかな流れである。

史料として知られるのは、当寺に伝わる『縁起記録』や当地方の代表的な地誌である『雲陽《うんよう》誌《し》』など、近世以降のものに限られる。このうちもっとも古いのは一七世紀半ば、寛文六年(一六六六)の奥書をもつ『縁起記録』である。これは教善房学意が書いたもので、院号・寺号にはじまり、開基、中興、堂宇・仏像、縁日、優婆《うば》石《そく》堂、奥の院、閼伽《あかい》井の井水、石塔、元末寺、只浦《ただうら》由来など記される。

ただし、後述するように、『村誌』には全文が紹介されたわけではない。奥書も「于時寛文六年丙午八月　教善房学意記之」とだけ載り、末尾には原文にない「ここも名の高野の寺にひびきしは　そのあかつきの鐘の音かも」の歌が添えられている。あるいは同名にして別の史料をもって紹介されたのであろうか。

つづく一八世紀前半には、享保二年(一七一七)に成った黒沢長尚編の『雲陽誌』があり、『郷土史ひらた』に全文が掲載される。沿革が『縁起記録』とほぼ共通するうえ簡潔に記されており、編纂時にこの史料が参考にされたことをうかがわせる。ただし、両者には若干の違いがあり、『縁起記録』は山号を高野山遍照院とするが、『雲陽誌』では胎蔵山とし、中興開山法性についても前者は弘長年間（一二六一～一二六三）の人とし、後者は仁治・寛元年間（一二四〇～一二四六）のころとする。

『仏教辞典』によれば、法性は真言宗の僧侶で学円房ともいい、紀伊高野山法性院（宝性院）を開いた人、仁治・保延年間の金剛峯寺と大伝法院との闘争がもとで仁治四年（一二四三）出雲国に配流され、寛元三年（四五）に当地で亡くなったとされる。これに従えば『雲陽誌』の記載の方が正しく、編纂の際に『縁起記録』を誤記とみて質《ただ》したとみられる。

このほか同時期の史料には、本堂の再建時、享保一〇年（一七二五）林鐘（六月）二一日の記のある棟札がある。『村誌』に紹介されていて、このころ当寺が無住の状態にあったことや、前述の高祖寺住侶丈雄が供養導師役を務めたことなどが知られる(3)。

高祖寺は同じ真言宗寺院であって金峯山大楽院といい、京都嵯峨《さが》の大覚寺《だいかくじ》派に属し、一八世紀段階には末寺として同所の大日寺など六字を有していた(4)。また、高祖寺に伝来する絹本《けんぽん》著色《ちゃくしょく》十六善神《ぜんじん》画像はもと高野寺の什物であったと伝える(5)。

一八世紀後葉になると、寛政四年（一七九二）の楯縫郡「万《よろず》差出帳」がある。『郷土史ひらた』に掲載されていて、この時点の堂宇の状況や当寺が真言宗大覚寺末であったことが知られる。この本末関係は前年（九一）に幕府に提出された本山資料からも確認でき、「一、大覚寺末

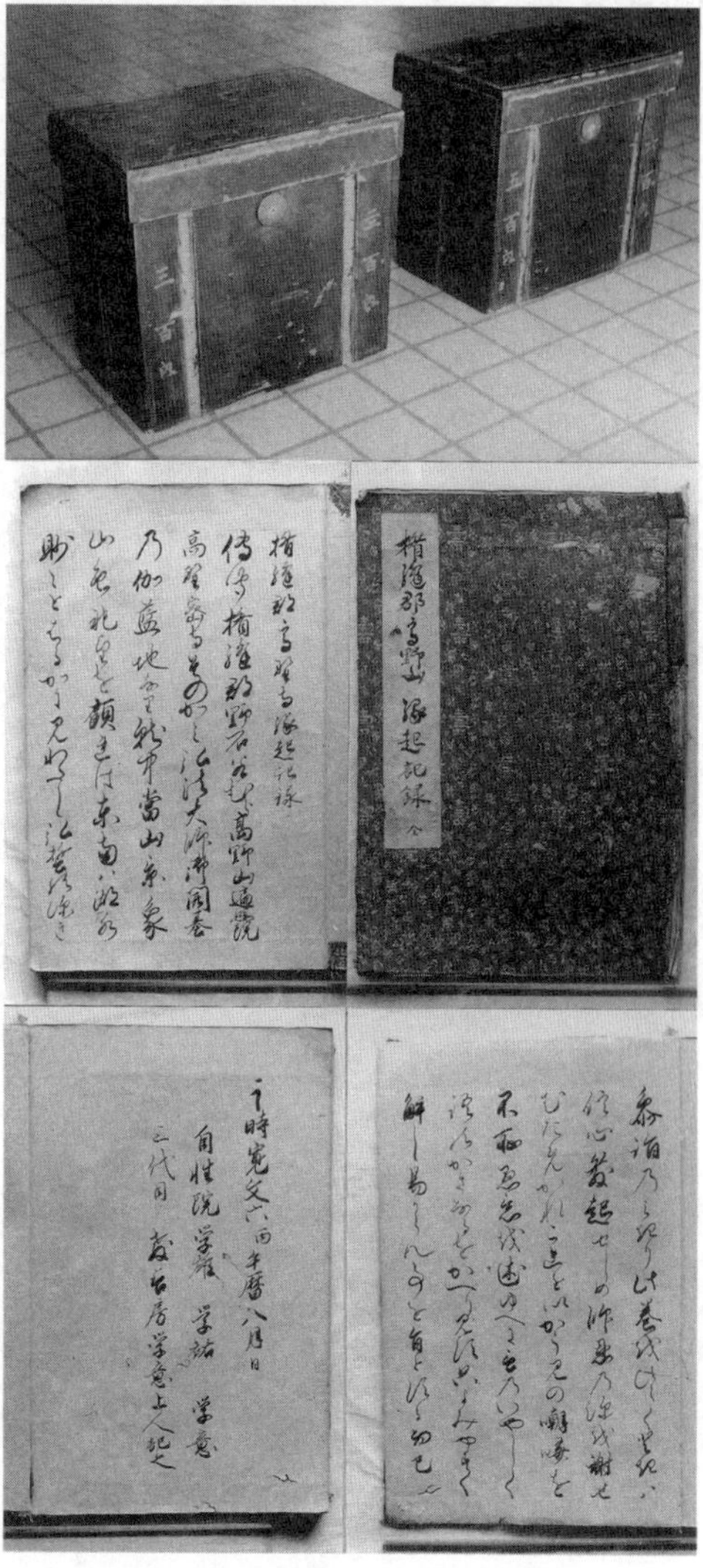

99　経櫃と「楯縫郡高野寺縁起記録」　上から経櫃2合、「縁起記録」の表紙と首題部分、同奥書部分

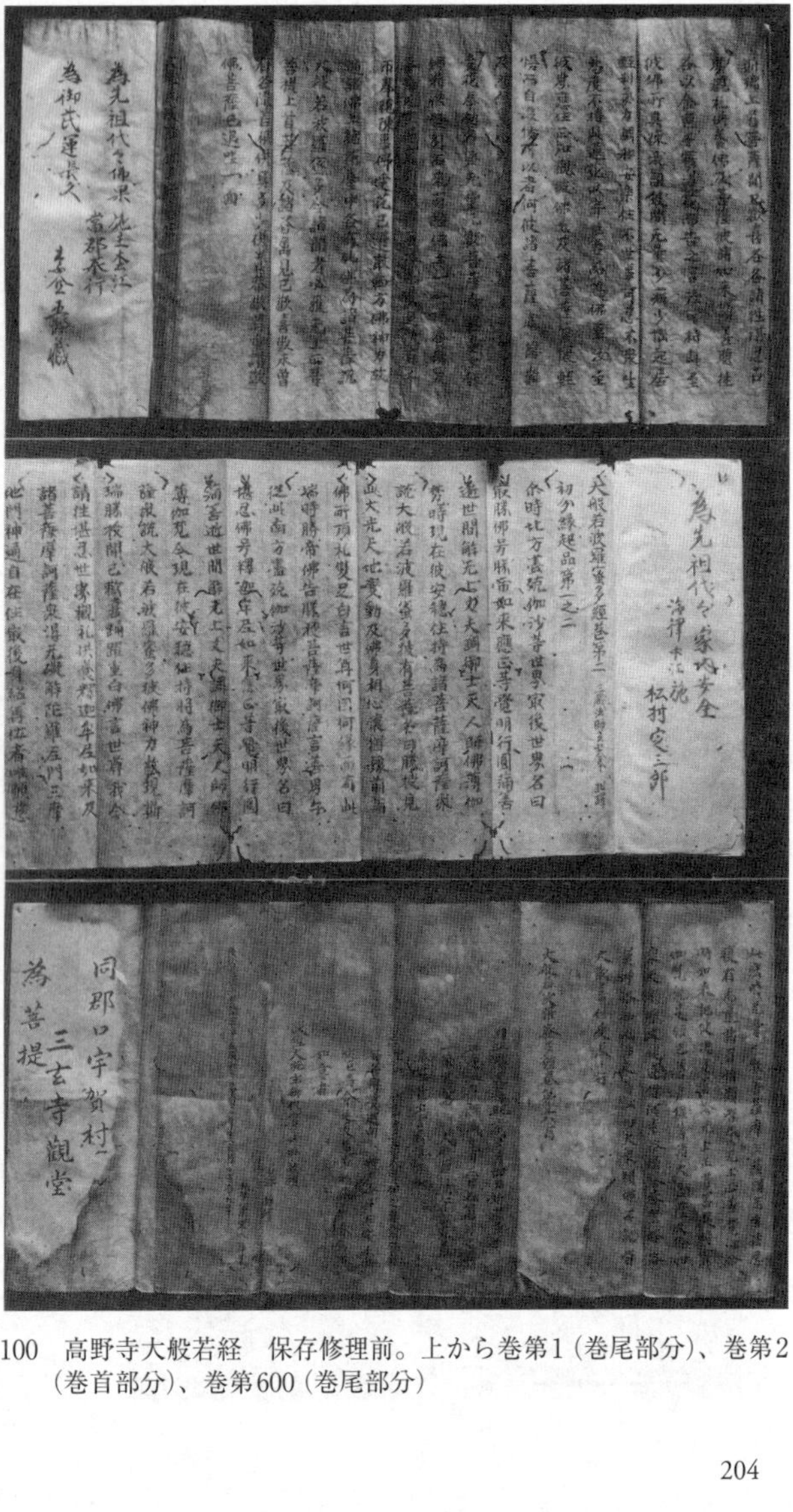

100　高野寺大般若経　保存修理前。上から巻第1（巻尾部分）、巻第2（巻首部分）、巻第600（巻尾部分）

楯縫郡野石谷村胎蔵山遍昭院高野寺」とみえる(6)。大覚寺との関係は、楯縫郡の『寺院明細帳』によりその後少なくとも明治前期までつづく(7)。

(2) 寛文六年の『楯縫郡高野山縁起録』

『縁起記録』については『村誌』で活字化された。しかし、今日高野寺に伝わるものがそのまま史料化されてはいない。現存する『縁起記録』は緞子《どんす》装・美濃《みの》判の袋綴《ふくろつづり》本一冊で、表紙は「楯縫郡高野山縁起記録　全」、本紙首題は「楯縫郡高野寺縁起記録」とある。『村誌』掲載文と比較すると、かなりの字句の異同や省略部分があり、特に後段に顕著である。現在、当寺に関する縁起書はこの一冊しかなく、いまのところ他に別系統のものも知られないことから、『村誌』は一部を割愛するなどしたとみられる。

異同・省略部分で注目されるのは、「于時寛文六(一六六六)丙午暦八月日　自性院学雄　学祐　学意　」三代目　教善房学意上人記之」とある奥書である。筆者は「三代目」であることを付け加えていて(初代学雄、二代学祐、そして三代目自身ということらしい)、学意は特に学雄の流れを汲《く》んでいることを書き留めておきたかったようである。

学意と学雄は「先師恵光院学雄上人当寺兼帯のみぎり、予《われ》もまた暫時このやまに住す」関係にあり、これによって学雄はもと恵光院の住持であったことがわかる。そして、「去寛文五暦四月、此山日御崎恵光院学雄上人に被下置」たともあるから、学雄は『縁起記録』成立の前年（一六六五）に当寺を兼帯したことが知られる。恵光院はもと日御碕神社の境内にあった真言宗寺院で、山号を金剛山といい、同神社の別当寺であった(8)。

ところで、学意がどのような理由でこの『縁起記録』を書いたかである。

文中には「前太守《さきのたいしゅ》羽林《うりん》少将《しょうしょう》直政公御逝去《せいきょ》の後、当山再興の素願手亡しちからなく、そのお（う）へ旧記しやうもん（証文）紛失せるを嘆き、有増《あらまし》見聞のおよふ処、進むて是を出顕さん」とある。このころ当山の再興が大きな課題となっていたようである。

すなわち、寛文三年（一六六三）に松江藩主初代松平直政（一六〇一～一六六六）が当山を訪れた。これがきっかけとなり寺領の安堵《あんど》や真言秘密の道場とすべく復興が計画された。しかし、直政の死去によって後ろ盾を失い、頓挫《とんざ》してしまったという。

しかしながら、このままにしておけば、「人また霊明をしらす」ことになるので、後見の嘲《ちょう》笑《しょう》を恥じることなく、「唯婦人小子参詣乃ミきり（御）、此巻をひらくときハ、信心発起せしめ、師恩乃源を謝せむかため」とあり、再興を念じていた様子がうかがえる。

このように、『縁起記録』からは江戸時代前期に日御崎恵光院住職が兼務していたことや、直政の参詣をきっかけとして復興が計画されたものの、結局そのままで終わったこと、そして、これを憂いながらも学意がなお復興を願って縁起を書き起こしたことなどが知られた。こうした部分は、従来あまり触れられなかったところであり注目してよいかと思われる。ともあれ、『縁起記録』を含むこうした近世史料からは、中世末期から近世にかけ、寺運は衰退期にあり、幾度か再興が図られながらも、無住兼帯の時期を繰り返していた様子がうかがえる。

(3) 大般若経の調査と保護の歴史

ここでは大般若経の調査と保護の歩みを辿《たど》ってみる。

本経の存在が一般に知られるようになったのは、戦前発行の『久多美村誌』からである。著者の原氏が当寺の仏像および什器の一つに、「竹紙《ちくし》大般若経　六百巻　唐宋浄蓮法師一筆書写之経」があると記す。戦後において注目したのは、文部省文化財保護審議委員会(現文化庁)の美術工芸課技官であった近藤喜博氏である。

同氏は日本各地の中世期の大般若経と比べてさして特異な写経形態ではないとしながらも、宋人の手になる一筆経であることに注目し、史料性を高く評価した。昭和二七年(一九五二)に現地調査し、翌年八月二〇日付の『美術』紙上に「出雲国、高野寺の大般若経」と題し報告した(9)。

それによると、一部に宋人安善の助筆があるとはいえ、宋人浄蓮の一人一筆経としてよいこと、巻第六百の奥書により正応元年(一二八八)から同五年(一二九二)にかけて満四ヵ年にわたって書写され、もとは出雲国須佐郷の須佐神社(東山御宮十三所大明神)に奉納されたものであることを明らかにした。そのうえで、浄蓮・安善がどうしてこの出雲国に来たかについて、「宋滅亡による亡命か、出雲地方との通商通交の関係から」と問題提起しつつ、日宋の通交および文化を考えるうえで貴重な史料であるとした。

この指摘を受けて、改訂版『久多美村誌』は「(昭和二五年より)六六二年前宋の人浄蓮の筆になる写経で全国でも稀な(三か所しかない)国宝的存在のものである」と解説が加わった。この希少価値を理由に、昭和三五年(一九六〇)九月三〇日には島根県の有形文化財に指定された。

また、同四一年(一九六六)には県の文化財保護審議会委員の加藤義成氏が、このころ県の指定文化財となった、本経を含む五点の経論などをまとめて調査報告を行っている。加藤氏は各巻の奥書の整理を行って本経の筆者について詳述するとともに、伝来の経緯を検討した(10)。

同六〇年(一九八五)一〇月、国指定候補物件として文化庁美術工芸課の湯山賢一・安達直哉・高橋裕次の三氏により現地調査が行われた。一巻ずつの詳細な調査であった。その結果を踏まえ、国の文化財審議会で審議され、翌年六月六日付けで国の重要文化財に指定された。指定名称は「大般若経五九九帖《じょう》（内補写経四帖）自正応元年至同五年宋人浄蓮一筆経」であり、指定の理由は「鎌倉時代の宋人による一筆経のまとまった遺品の一つとして、同時代の日宋文化交流史上に重要である」であった(11)。

なお、六〇〇巻のうち不足の一巻は、巻第四一九を欠いているためである。また、四巻の補写経は南北朝期とされる巻第四一四・四一五、江戸期とされる巻第一一九・四一八が該当する。浄蓮の一筆経であるが、巻第一六〜三〇、巻第五一〜六三の二八巻は奥書に「大宋人安善執筆書」とあり、巻第六四は前半を安善、後半を浄蓮が執筆していて、安善の助筆とわかる(12)。

本経はその後、黴害《かびがい》や虫損による痛みがひどかったため、平成三年（一九九一）から六か年かけて保存修理が施された。修理後は島根県立博物館（現在は県立古代出雲歴史博物館）に寄託され今日にいたる。この間、平成九年（一九九七）には東京・大阪・松江の三会場で開催された、島根県外主催の「古代出雲文化展」で一部が展示公開された(13)。

(4) 大般若経の成立

つづいて、本経の成立から伝来の経緯をたどってみる。

本経がもと出雲国須佐郷の十三所大明神に奉納されたものであることは、近藤氏以来指摘されているところである。そのことは巻第六〇〇に記された、次の奥書によって明らかである。

自正応元年辛丑歳十二月四日始之至于
正応五年壬辰歳十二月三日四(五)(14)箇年之間
一筆書写大般若経一部六百巻
奉安置出雲国須佐郷
東山　御宮十三所大明神之聖前安慰
毎年転読回向神力各身平安永無
災厄寿命延長万事利益上下眷属亦
如意者
設経大施主御代官　　沙弥政願　沙弥助阿　執筆一乗宋人浄蓮

これにより、本経は正応元年(一二八八)一二月四日から同五年一二月三日まで、満四か年をかけて書写され、代官沙弥《しゃみ》政願・沙弥助阿を施主として十三所大明神(須佐神社)の宝前に納められたとわかる。書写したのは宋人浄蓮であり、一部に宋人安善の助筆を得ながら、一巻につきおよそ二日半かけて書写していると知られる。

途中の巻第四〇〇の奥書には、

宋人浄蓮執筆書／正応四年辛卯五月十五日午時書訖、仰頼経主願成仏力寿命綿遠資福康泰

廻資蔭力我等如是者

とあり、二年半ほど立った正応四年（一二九一）五月半ばにこの巻を終えている。

こうした宋人筆の大般若経は、ほかに建康府の人謝復徳（改名謝復生）が、弘安七年（一二八四）五月一五日よりはじめて同一〇年（一二八七）正月までの間、周防国揚井荘《やないのしょう》上品寺《じょうほんじ》において一人で書写した現正法寺（広島県三原市）伝来のものや、正応二年（一二八九）に宋人普勲助成が書写した、西明寺（滋賀県蒲生《がもう》郡日野町）伝来のものが知られる(15)。

施主の沙弥政願・助阿については、須佐郷の代官とあるだけである。しかし、「出雲国杵築《きづき》大社御三月会《え》相撲舞御頭役結番《けちばん》事」で知られる、文永八年（一二七一）一一月の「関東下知《げち》状案《あん》」（千家《せんげ》家文書）(16)を通して、二人の歴史的な性格がうかがえる。これによると、当時須佐郷は「相模《さがみ》殿」、すなわち北条時宗の所領とあって得宗家領とわかり、本経が書写された正応年間は貞時の所領であったとみられる。

このことから、政願・助阿は得宗被官人《ひかんにん》で須佐郷に派遣されていた代官であった可能性がつよく、浄蓮・安善はこうした得宗被官人の庇護《ひご》のもとで写経作業を行ったと推定される。本経は日宋の文化交流史上はもちろんであるが、鎌倉時代における出雲地方の政治・文化史を知るうえでも貴重である。

（5）大般若経の伝来（室町時代〜江戸時代）

意外と知られていないことに、本経には経櫃《きょうびつ》が伴っている。黒漆《うるし》塗り、被蓋《かぶせぶた》造り、几帳《きちょう》面《めん》取り、六脚付きの唐櫃《からびつ》形式のものである。縦三五㎝、横五七㎝、高さ五〇㎝で、二合《ごう》遺存する。身の正・背面に紐《ひも》金具をつけるが、紐と環《かん》を欠き、脚も失われている。紐金具の環座には魚々子《ななこ》地に籠字《かごじ》風の四文字「大般若経」が入る。二合とも蓋中央に「雲刕須佐大神」（刻銘朱書）、身部に「十三所大明神」「大般若経函《はこ》也」（朱書）とあり、これによっても須佐大明神（十三所大明神）が所有する大般若経であったとわかる。

また、身部には一方が「三百内・四百内」、もう一方が「五百内・六百内」と朱書されていて、いまはないが「一百内・二百内」と合わせ、本来三櫃一具のものとして存在した。加えて、この数字と櫃の容積から、一箱に二百巻ずつ巻子本で納められていたと推定復元できる。

製作時期は紐金具などの特徴から室町時代と考えられ、本経成立より後出するものの、その後長らく須佐神社に所蔵されていたと知られる。

ところで、本櫃にはもう一つ見逃せない点がある。先の銘文のうち、所在を表した箇所、すなわち「雲刕須佐大神」、「十三所大明神」の文字に限っては、故意に擦り消されているのである。これは出雲国内で実施された神仏分離に関係した行為とみられる。

出雲国の神仏分離は、江戸時代前期の寛文年間(一六六一～一六七三)、杵築《きつき》大社をはじめとする諸神社で実施された。このことは須佐神社においても同様であり、このときの影響を受けたとみられる。推察するに、本経は仏教色排除の対象となり、他所への移動を余儀なくされた。その際もとの所在を隠す必要から、先の銘文の擦消《さっしょう》が行われたと理解される。

101　須佐神社（出雲市佐田町）

以上、本櫃から室町時代から須佐神社を離れるまでの間の伝来事情が知られて貴重である。となると、本経がそのまま高野寺に移ったかが問題となる。

この点、「島根県下の経論《きょうろん》について」を執筆した加藤氏は、寛文六年（一六六六）のころ、近郷の信者によって須佐宮から本寺へ施入されたと指摘する(17)。『縁起記録』に本経の施入を勧誘する旨が記されているからというのが理由である。しかし、『縁起記録』を読むかぎり、そのような記載はなく根拠を欠いているといわなければならない。

現状で、移動の時期を説明できるだけの史料はない。ただ、その後の経緯を知る手がかりとして、巻第六〇〇の奥書に別筆で記された「後伏見帝正応五年壬辰到于宝暦十年庚辰得四百六十九年」に注目するならば、この宝暦一〇年（一七六〇）の時点で移動した可能性が一つ指摘できよう。

また、下っては巻第一の裏表紙見返しにある、「為先祖代々仏果　為御武運長久　施主

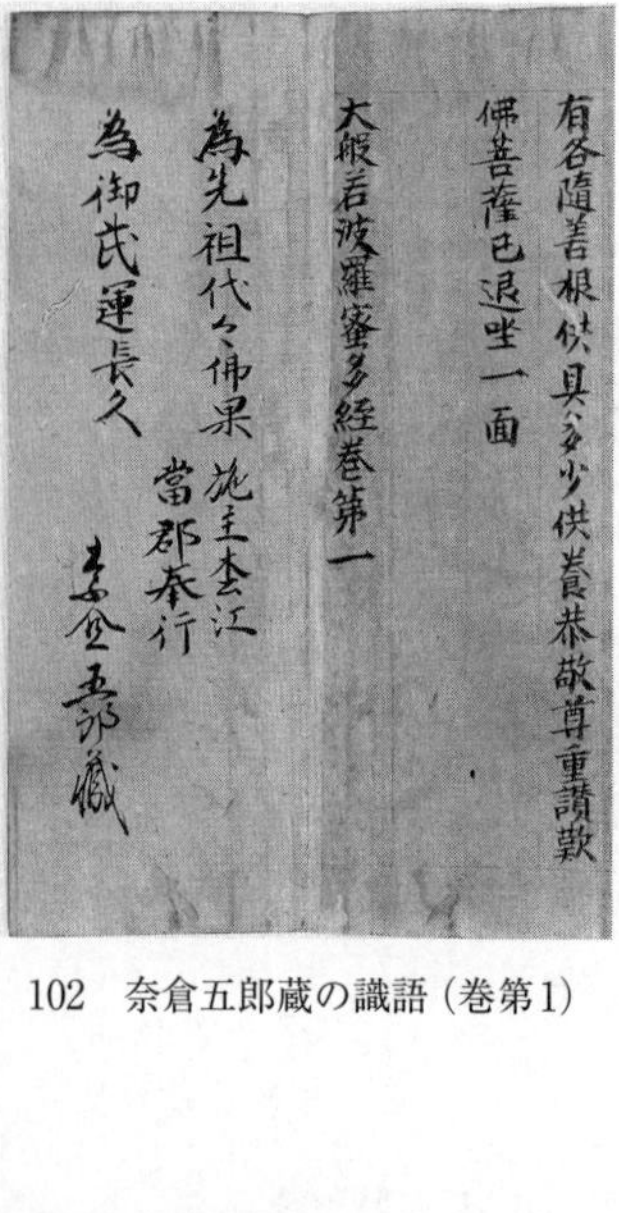
有各随善根伏具々多少供養恭敬尊重讃歎
佛菩薩已退坐一面
大般若波羅蜜多経巻第一
為先祖代々佛果　施主松江
當郡奉行
為御武運長久
奈倉五郎蔵

102　奈倉五郎蔵の識語（巻第1）

松江　当郡奉行　奈倉五郎蔵」に注目してよいであろう。これによると、松江藩の郡《こおり》奉行であった奈倉《なぐら》五郎蔵が、先祖代々の仏果と武運長久のためとして、施主になっている。松江藩『烈士録《れっしろく》』(18)によると、五郎蔵（四代目、安政二年〈一八五五〉没）が、楯縫をはじめ島根・秋鹿・意宇《おう》の北四郡を管轄する郡《こおり》奉行に就いていたのは、天保九年（一八三八）七月九日から弘化三年（一八四六）二月一六日までである。本経に関係したのはこの期間内のことになるが、このとき彼によって当寺に施入された可能性もあろう。

彼の経歴をたどると、もっぱら藩主参勤のおりの道中右筆《ゆうひつ》や日記役など、主に書記的業務に携わっている。この時期の施主名は彼一人であり、こうした経歴にも注目するならば、五郎蔵は宋人の一筆経である本経に特別な関心を寄せていたのかもしれない。

(6) 大般若経の伝来（近代）

本経と高野寺、そして周辺地域との関係を考えるとき、近代以降も興味深い内容を含んでいる。

それは各巻装丁紙の表・裏の見返しに記入もしくは貼紙された、多数の施主名である。巻第二～五二、九一～一六〇、一七一～一八一、一八九～二六五、二六七～二七〇、三二一～

三三三、三三五～三四〇、三六三、三六六、三六八～三八〇、六〇〇の、計二四八帖にある。

例えば、巻第一には「為先祖代々家内安全　塩津中江施　松村定三郎」、巻第二には「為先祖代々家内安全　施主　塩津角屋為七」、また最後の巻第六〇〇には「同郡口宇賀村　三玄寺観堂　為菩提」とあって、為書きにはじまる施入の趣旨と、施主名および出身地が記される。施入の趣意は、大半が先祖代々の菩提を弔い、家内安全を祈るものである。他に海上安全・商売繁昌のためや、特定の法名を書いて供養したものがある。

施主は寺院名三と宮司名一を含め、計二八八名にのぼる。一帖に一人の記入が多く、中には数人で一帖の場合、あるいは一人で五帖分記入されている例がみられる(19)。

施主の出身地をみると、楯縫郡は野石谷村・平田町・上ケ分《あげぶん》村・東福《とうふく》村・口宇賀《くちうが》村・塩津・只浦・古井津《こいづ》・三津《みつ》がある。秋鹿郡は下伊野《いの》村・大垣《おおがき》村・秋鹿町・秋鹿村・上大野村・西長江《ながえ》村・魚瀬《おのぜ》浦・古浦《こうら》・江角《えすみ》浦・手結《たゆい》浦・武代《たけだい》村・本郷《ほんごう》村・西谷《にしたに》村・荘成相寺《しょうじょうそうじ》村がある。

その外、出雲郡で上鹿塚《かみしづか》村、島根郡で第六区天神町、能義《のぎ》郡に宇波《うなみ》村があって、出雲東部の五郡にわたって三町一六村八浦の記入があり、島根半島部を中心に広範囲に及んでいるのがわかる。

これらの施主名はいつ、どのような事情から書き込まれたのであろう。

既述の町村名が明治二二年（一八八九）の市制・町村制施行以前であることや(20)、一部の個人名から判断すると(21)、この時期前後が考えられる。ただし、本経には「明治廿四年虫損等繕了」（巻第一六〇）や、「明治廿四年修繕了」（巻第四三二）などと書いた札も認められ、明治二四年（一八九一）のころに修繕が行われていたことが知られる。このことも含めて考えれば、ある程度の年代幅を想定してみる必要があろう。

推察するに、先の多くの施入は、こうした修理事業に先立って集められた喜捨《きしゃ》であったように思われる。施入の発願が誰によってなされたかは不明であるが、施主の村別人数や帖数の多さをみたとき、特に施主が集中しているのは、野石谷村・塩津・只浦であり、この三村浦で全体の六〇％強を占める(22)。ある意味で当然なのかもしれないが、高野寺のある周辺近郷の村々を中心に進められたとみてよいであろう。

当寺の大般若経をめぐっては、こうして明治二〇年代という時期に多くの人たちが施主となり名を寄せているのがわかった。その分布は広範囲におよび、一部を除けば旧平田市域から松江市の秋鹿方面・鹿島町恵曇方面にかけた、宍道湖北岸側の村々日本海沿いの浦々である。

この広がりはかつての高野寺および高祖寺の信仰圏の反映かともみられる。本経は近代前期における当地域の庶民信仰の一端がうかがえる資料としても注目してよいかと思う。

小稿では、これまで全文が紹介されることのなかった『縁起記録』を中心に、寺史の整理を行った。あわせて、同寺が所蔵する鎌倉時代成立の大般若経について、奥書や経櫃、そして装丁紙にある施主名などから、伝来の経緯をたどった。

寺史は、『縁起記録』を読むことによって、これまで不分明であった江戸時代前期の様子が少し知られたように思われる。また、大般若経については、高野寺への伝来時期を特定するまでには至らなかったものの、鎌倉時代の成立から近世後期までの伝来の経緯を一とおりみることができた。とりわけ銘文擦消から推察される、江戸前期の寛文年間における神仏分離に伴う移動、下っては明治前期における本経と当地域の人々を広範囲に結びつける施入の実態がわかり、本経の歴史をたどる意義が少しはあったと思われる。

なお寺史について付け加えるならば、中世以前のことは直接的な史料がなく依然不明としなければならない。『縁起記録』では開基を弘法大師、中興開山を法性としているが、空海との関係はもとより、法性の当寺巡錫《じゅんしゃく》も詳らかでない。しかし、一三世紀前半ごろを中興期と位置づけるからには、当寺がこのころ高野山と強く結びつくような転機があったものとも思われる。

また、さらに遡ってどうかである。島根半島の北山山地沿いには、鰐淵《がくえん》寺、華蔵《けぞう》寺、澄水《ちょうすい》寺、朝日《あさひ》寺、高祖寺、金剛《こんごう》寺といった、古くからの天台・真言系寺院があることで知られる。こうした寺院の多くは一一・一二世紀ごろまでには存在したと考えられるとともに、より古くは山岳寺院として成立した可能性が指摘されている(23)。高野寺もこうした古寺院と同様な性格のものとして、成立発展した可能性があろう。

中世以前の実態を明らかにするために、今後、寺域の範囲確認や坊跡の発掘調査、墓石等の石造物調査といった、考古学的な検証が望まれる。

(1)原運一編著『久多美村誌』一九二九、同氏編著改訂版『久多美村誌』一九五三、平田市誌編纂委員会『平田市誌』一九六九、『島根の寺院』有賀書房一九八八、久多美郷土誌編纂委員会『郷土誌はやさめ久多美』一九九二、平田郷土史研究会編『楯縫郡村々万差出帳』・『同補注』・『郷土史ひらた』第10号一九九八、平田市大事典編集員会『市制施行40周年記念　平田市大事典』二〇〇〇。

(2)鷲尾順敬著『増訂日本仏家人名辞典』一九〇三、『望月仏教大辞典』第五巻一九三三。なお『久多美村誌』は戦前戦後とも法性を江戸時代寛文年間ごろの人と扱う。明らかに誤りである。

(3)『はやさめ久多美』によると、丈雄はそのまま当山に住し、宝暦二年(一七五二)に当山で没したとされる。

（4）寺院本末帳研究会編『江戸幕府寺院本末帳集成　上』一九九九．「寛政三年辛亥十一月　古義真言触頭高野山学侶　集議中」の奥書をもつ『寺院本末帳』にみえる。

（5）奥原福市編纂『八束郡誌　本編』一九二六

（6）註（3）に同じ。

（7）『寺院明細帳』。島根県立図書館蔵近代史料。

（8）藤岡大拙「恵光院（第五編第三章宗教）」『大社町史下巻』一九九五

（9）近藤喜博「出雲国高野寺の大般若経」『美術』一九五三

（10）加藤義成「島根県下の経論について」『島根県文化財調査報告書』第二集一九六六

（11）文化庁文化財保護部「新指定の文化財」『月刊文化財』No. 273、一九八六

（12）この巻には別巻（つまり巻第四八九が二巻ある）が充てられていた。これらの成果は湯山氏らの候補物件調査によって明らかにされた。

（13）『神々の国　悠久の遺産　古代出雲文化展図録』島根県教育委員会外編一九九七。この展覧会では大般若経は「出雲大社と仏教」のコーナーに陳列され、鰐淵寺とも関連したかのように展示解説された（佐伯徳哉氏）。しかし、本稿で述べたように伝来の経緯をたどる限り、鰐淵寺との接点はないと

いってよい。なお展覧会後に作成された『図録　古代出雲文化集成』吉川弘文館一九九八は筆者が解説を行った。

(14)文中「五箇年之間」とあるところは「四」を消して「五」に書き改めた形跡が認められる。もと満「四箇年」とあったのを、足掛け「五箇年」としたと思われる。

(15)大山仁快編著『日本の美術　写経』№156、至文堂一九七九

(16)『新修島根県史』史料編1所収一九六六。原文では「相模殿」は「同(相撲衆)」と記されている。

(17)註(9)に同じ。『高野寺縁起録』の首題が「大般若経勧誘序」とあることにもなっている。

(18)『烈士録』「奈乾　奈倉五郎蔵」の記事。島根県立図書館蔵。

(19)三寺院は、三玄寺観堂(口宇賀村)、興善寺(上鹿塚村)、妙心寺(宇波村)であり、いずれも禅宗寺院であることで共通する。明治期の施入に当たって、これら禅宗寺院の働きかけやつながりもあったであろう。宮司名1は野石谷村能呂志神社の社司である。

(20)『角川日本歴史地名大辞典　32　島根県』一九九一、『日本歴史地名大系第33巻　島根県の地名』一九九五。なお第六区天神町は明治一一年に廃止された行政区名である。

(21)因みに、かつて北浜村長であった和泉林市郎(一八七七～一九六九)の記名が確認できる。

(22)人数の多い順に上位三村を示せば、①塩津二七%(七九人)、②野石谷村二二%(六四人)、③只浦

一五％（四五人）であり、他は四％以下（一三人）となる。また、帖数においても同じ傾向にあり。上位三村は①野石谷村三〇％（七五帖）、②塩津二四％（六〇帖）、③只浦一二％（二九帖）で、他は七％以下（一八帖）となる。

（23）藤岡大拙「山岳仏教から鎌倉新仏教へ—平田地域を中心に—」『日新富有　平成三年度市民大学講座事典歴史講座集』一九九一

※原文は、続けて『楯縫郡高野山縁起記録　全』の翻刻文を掲載しているが、ここでは割愛した。

あとがき

　これまで二度、細やかながら石見銀山のことを本にした。こんどは出雲、もしくは島根全体の歴史・文化に関わることをまとめ出版しようと思った。正直いえば、銀山から離れて少し変化球を投げてみたかった。といいつつ、タイトルが「石見銀山を読む」から「歴史の風景を読む」になっただけ、私が取り上げる資料やことがら、あるいは表現したかったことは、扉のことばに示したとおり、これまでと変わりない。自分にできる守備範囲のなかで、島根の歴史や文化の一端、豊かさを知ってもらう手がかりになればとの思いから企画した。大それたタイトルで誤解を招いたかもしれないので少し説明を加えると、本書は私が関心のある資料からみた〝石見銀山、そして島根の歴史・文化〟であって、そのシリーズということになる。

　五編のうち、一・二・三・五は、近作も含めすでに発表したものである。四の「社寺建築のある風景」も、1以外は新稿になるが、これらも若い時からの延長線上にあって、以前からメモ程度に書き留めていた。余談ながら、これら〝過去〟のものをまとめて出版したいとある人に話したら、それでは新鮮味がないと一笑に付されてしまった。どうも古いか新しいかがものさしのようで、私も笑うしかなかった。

前二作と異なる点をいえば、少し長めの文章のものを加えたことである。小さな資料や一つの資料であっても、掘り下げるとどんなことがいえるのか、歴史的な世界がどう広がるのか、自分なりに試してみようとしたものである。全体を通してみると、時代や話題があれこれと飛び、きっと間延びしたものになっていると思う。加えて文章に冴えがないのはそもそも才能がないからである。しかし、決して中身を膨らましたり、誇張したつもりはない。

今回の五編は供養塔にはじまり、弁慶伝説や社寺建築もあれば、最後はお経である。つながりのないものばかり、前二作以上にランダムである。とはいえ、すでに発表したものを一つにまとめたという意味で、ここは私なりのオムニバス作品としておきたい。真の歴史研究者でもなければ、まして建築の専門でもないのに一体何をやっているのかと、変に思われているに違いない。気の多さに加えて、広くいえば文化史に興味があるから、と自己分析している。それに私の〝発掘〟は知りたい、大切にしたいと思う〝もの〟からはじまる。幸いなことに、そうしたものをこれまで直接目にしたり触れたりする仕事に就いていたからできたこと、なによりこれに協力し機会を与えていただいた方々のお蔭だと思っている。

ここに至るまで、数多くの方々からご教示なりご協力いただき、感謝の気持ちでいっぱいである。前二作と同様、お一人お一人のお名前はあげないが、心からお礼申し上げあとがきとする。

コロナ禍で世界が揺れつづける二〇二一年の一月

鳥谷芳雄

著者レポート等目録

（＊は本書掲載分の初出を表す。石見銀山関係は松江文庫8・11に掲載）

- 『古墳と地域と摩崖仏』共著、一九八〇
- 「島根・富田城跡（菅谷地区）出土木簡」『木簡研究』第八号、一九八六
- 「島根の文化財シリーズ彫刻　1～22」『島根県教育広報』第一〇四九～一〇七一号、一九八八～八九
- 「居並ぶ神社建築―出雲地方の歴史と特色から―」『仏像を旅する　山陰線』一九八九　＊四―1
- 『団原古墳・下黒田遺跡―風土記の丘地内遺跡発掘調査報告Ⅵ』共著、島根県教委、一九八九
- 「文化財編」『続竹矢郷土誌』松江市竹矢公民館、一九九〇
- 『茶臼山城跡・市場遺跡・内堀石塔群―風土記の丘地内遺跡発掘調査報告Ⅶ』島根県教委、一九九〇
- 『山代二子塚古墳―風土記の丘地内遺跡発掘調査報告Ⅷ』共著、島根県教委、一九九二
- 『三田谷Ⅱ遺跡・菅沢Ⅲ遺跡―斐伊川放水路発掘調査報告1』共著、島根県教委外、一九九四

・「棟札類について」・「紀年銘石造物について」『尾原ダム　尾原の民俗－資料編－』、一九九六
・『大井谷石切場跡・上塩冶横穴群第14・15・16支群－斐伊川放水路3』島根県教委外、一九九七
・「島根・三田谷Ⅰ遺跡出土木簡」『木簡研究』第19号、一九九七
・「鰐淵寺境内銅造阿弥陀如来坐像について－近世廻国供養仏の一例－」『古代文化研究』第6号、一九九八
・「高野寺大般若経・西光寺梵鐘・鰐淵寺石製経筒・湖州鏡・奥才古墳群出土品・釜代1号墳出土内行花文鏡・碧玉製勾玉・山地古墳出土品」『神々の国　悠久の遺産－古代出雲文化展－』、一九九八
・「宍道湖をめぐる二つの水難供養塔－近世庶民信仰の動向と水運との関連で－」『季刊文化財』第92号、一九九九　＊一－3
・『三田谷Ⅰ遺跡Ｖｏｌ．3－斐伊川放水路発掘調査報告9』島根県教委外、二〇〇〇
・『神原Ⅰ遺跡・神原Ⅱ遺跡－志津見ダム発掘調査報告書8』共著、二〇〇〇
・「（続）宍道湖をめぐる二つの水難供養塔－ふたたび文化十一年の遭難事故から－」『季刊文化財』第97号、二〇〇一　＊一－4
・『於紅ケ谷地区・竹田地区－石見銀山発掘調査報告12』共著、島根県・大田市両教委、二〇〇一
・「高野寺と大般若経について」『上石堂平古墳群』平田市教委、二〇〇一　＊五－4

- 「近世六十六部廻国行者の造像例－松江市所在の二例を中心に－」『歴史考古学』第50号、二〇〇二
- 「文化財編」『柿木村誌 第二巻』鹿足郡柿木村、二〇〇三
- 『於紅ケ谷地区・竹田地区・出土谷地区－石見銀山13』共著、島根県・大田市両教委、二〇〇三
- 『権現山城跡・権現山石切場跡・白石谷遺跡外－斐伊川放水路15』共著、島根県教委外、二〇〇三
- 『安養寺・大安寺跡・大龍寺跡・奉行代官墓所外－石見銀山石造物調査3』共著、島根県・大田市両教委、二〇〇三
- 「鳥取・島根両県下における7世紀代のヘラ書き文字」『島根考古学会誌』第20・21集合併号、二〇〇四
- 『長楽寺跡・石見銀山附地役人墓地（河島家・宗岡家）－石見銀山石造物調査4』共著、島根県・大田市両教委、二〇〇四
- 『分布調査と墓石調査の成果－石見銀山石造物調査5』共著、島根県・大田市両教委、二〇〇五
- 「たたら製鉄　ふいご模型で作業体験」（山陰中央新報、古代出雲歴史博物館展示の内側から6、二〇〇六・一一・八）
- 『温泉津恵珖寺墓地－石見銀山石造物調査6』共著、島根県・大田市両教委、二〇〇六
- 「文化財編」『六日市町史 第三巻』鹿足郡吉賀町、二〇〇七

・「石西地域の二つの中世大般若経について」『古代文化研究』第15号、二〇〇七
・「島根県下洞光寺の梵鐘について－元山口龍文寺の梵鐘－」『山口県文化財』第38号、二〇〇七
・『平塚運一古瓦コレクション資料集－武蔵国分寺軒丸瓦編－』共著、二〇〇八
・「石見銀山遺跡の古丁銀－完全なかたち残す「3兄弟」」（朝日新聞、二〇〇八・三・二六）
・「富田川河床遺跡－富田城の城下町遺構－」（朝日新聞、二〇〇八・四・二）
・「出雲国山代郷の正倉－収納物支えた太い柱－」（読売新聞、二〇〇八・六・二二）
・「荻杼古墓出土の大甕」（島根日日新聞、過去からの贈り物21、二〇〇八・八・二六）
・「かなめ石」（島根日日新聞、過去からの贈り物23、二〇〇八・九・九）
・「出雲・石見・隠岐における近世六十六部廻国の様相」『秘仏への旅　出雲・石見の観音巡礼』図録、二〇〇八　＊二－4
・「島根における近世六十六部廻国」（山陰中央新報、二〇〇八・一〇・三一）　＊二－2
・「松平直政寄進の銅燈籠について－上野東照宮所在、慶安四年在銘－」『季刊文化財』第117号、二〇〇八
・「平城京と平城宮」・「正倉院と正倉院宝物」・「古代銭をめぐる今昔」『出雲国誕生と奈良の都』展図録、二〇〇九

- 「「出雲国誕生と奈良の都」展への招待」（山陰中央新報、二〇〇九・一〇・六）
- 「展示品紹介・酔胡王面」（山陰中央新報、二〇〇九・一〇・二七）
- 「温泉津薬師堂の近世六十六部廻国史料」『季刊文化財』第120号、二〇〇九
- 「鰐淵寺大般若経の遺例について」『季刊文化財』第122号、二〇一〇
- 「浜田市龍雲寺所蔵の中世大般若経について」『古代文化研究』第18号、二〇一〇
- 「研究の目的と事業経過」・「あとがき」『出雲国の形成と国府成立の研究―古代山陰地域の土器様相と領域性―』島根県古代文化センター、二〇一〇
- 「近世六十六部の集団形成－出雲国遅江村の庄吉・新太郎の例から－」『季刊文化財』第125号、二〇一一
- 「棟札の中の仏教色①－消された字句の推定－」『八雲立つ風土記の丘 №207』、二〇一一
- 「出雲市奉納山経塚の再検討（1）－『杵築古事記』記載の納経塔との関連で－」『島根考古学会誌』第28号、二〇一一
- 「出雲国における近世六十六部の三所納経－『出雲神社巡拝記』と廻国供養塔から－」『季刊文化財』第126号、二〇一二
- 「棟札の中の仏教色②－近世出雲国の神仏分離－」『八雲立つ風土記の丘 №208』二〇一二

・「出雲市奉納山経塚の再検討（2）－移設後の杵築大社納経塔－」『島根考古学会誌』第29号、二〇一二
・「島根・中尾H遺跡出土木簡」『木簡研究』第34号、二〇一二
・「出雲市潮音寺の近世六十六部施宿供養塔－同塔建立の全国的な様相も絡めて－」『季刊文化財』第129号、二〇一三　＊二－3
・『門遺跡・高原遺跡1区・中尾H遺跡－朝山大田道路八苫調査報告1』共著、島根県教委、二〇一三）
・「島根県大田市の南八幡宮経筒・納札の銘文」『歴史考古学』第68号、二〇一四
・「島根県大田南八幡宮六十六部資料の再検討（1）－調査研究史にみる問題の所在－」『歴史考古学』第70号、二〇一四
・「伯耆一宮経塚－東郷池周辺の景観とあわせて－」・「中世旅日記にみる出雲の水海周辺－湖水の利用と記録された風景－」『入海の記憶－知られざる出雲の面影－』展図録、二〇一五　＊一－1
・「金石文からみる鰐淵寺の資料」『季刊文化財』第133号、二〇一五
・「伯耆国林原孫兵衛の六十六部廻国史料（1）－十八世紀前半代の事例として考える－」『山陰民俗研究』第20号、二〇一五
・「島根県出雲市・奉納山経塚遺跡の再検討（3）－移設前の納経塔と奉納山聖地化批判－」『島根考古学会誌』第32集、二〇一五

・「鰐淵寺の石造物調査（第6章第1節1〜5）」『出雲鰐淵寺埋蔵文化財調査報告書』、二〇一五
・「島根県大田南八幡宮の六十六部資料の再検討（二）－銘文と形態から納経塔の年代を考える－」『歴史考古学』第72号、二〇一六
・「浜田市宝福寺所蔵の中世大般若経について」『古代文化研究』第24号、二〇一六
・「伯耆国林原孫兵衛の六十六部廻国史料（二）－山陰における地域史料として考える－」『山陰民俗研究』第21号、二〇一六
・「島根県出雲市・奉納山経塚の再検討（4）－奉納山の聖地化と資料解釈をめぐって－」『島根考古学会誌』第33集、二〇一六
・「大田市所在の獅子文兵庫鎖太刀と銅造阿弥陀如来坐像－鎌倉期、石見東部における関東武士の動向を絡めて－」『島根史学会会報』第54号、二〇一六
・「伊勢参り」（山陰中央新報、謎解きいにしえの島根42、二〇一七・二・二五）　＊一－2
・「史料からみた出雲地方の弁慶伝説－（承前）参考文献と研究の現状－」『山陰民俗研究』第22号、二〇一七
・『石見銀山を読む―古図・絵巻・旧記・石州銀―』（松江文庫8、新書判）、二〇一七
・「六十六部廻国という巡礼」（山陰中央新報、いまどき島根の歴史28　二〇一七・一一・四）　＊二－2

- 「経典類が伝える歴史文化」（山陰中央新報、いまどき島根の歴史30、二〇一七・一一・二五）＊五－1
- 「史料からみた出雲地方の弁慶伝説（２）―史料の時系列化―」『山陰民俗研究』第23号、二〇一八
＊三－3
- 「出雲地方の弁慶伝説」（山陰中央新報、いまどき島根の歴史47、二〇一八・五・五）＊三－1
- 『続　石見銀山を読む―古図・日記・旧記・絵巻・石州銀―』（松江文庫11、新書判）、二〇一八
- 「隠岐における中近世大般若経－祭礼行事と関連させながら－」『古代文化センター研究論集第20集　隠岐の祭礼と芸能に関する研究』、二〇一八
- 「神仏が交わる祭礼行事をみて－越前市大瀧神社の例から－」『隠岐の祭礼と芸能』展図録、二〇一八
- 「出雲地方の弁慶伝説」（山陰中央新報、文化欄、二〇一九・六・五）＊三－2
- 「須佐神社所蔵のクリス形剣」『季刊文化財』第１４４・１４５合併号、二〇一九
- 「史料からみた出雲地方の弁慶伝説（３）－近世初期の史料を幸若舞曲との関連で考える－」『山陰民俗研究24』、山陰民俗学会、二〇一九　＊三－4
- 「松江市所在の二つの紺紙金字大般若経―迎接寺本と東泉寺本の資料紹介とその伝来事情をめぐる一考察―」『古代文化研究』第27号、二〇一九
- 「旧枕木山華蔵寺の大般若経断簡について」『季刊文化財』第１４６号、二〇一九

・「勾玉と大東とお茶」『まるこやま』第56号、大東地区自治振興協議会、二〇一九
・「平安後期、枕木山華蔵寺の一様相―康和五年の大般若経断簡を手がかりに―」『出雲古代史研究会』第29号、二〇一九
・「神門寺本『和漢朗詠集』『庭訓往来』」筆者朝英について―『大山寺縁起絵巻』等の了阿との関連で―」『島根史学会会報』第57号、二〇一九
・「鰐淵寺所蔵の紺紙銀字華厳経について－文禄の役に伴う渡来品の一例－」『季刊文化財』第148号、二〇二〇　＊五－3
・「島根県立古代出雲歴史博物館所蔵の「銀山由来記」」『世界遺産石見銀山遺跡の調査研究』、二〇二〇
・「隠岐の中近世大般若経（1）－海士町・源福寺本－」『隠岐の文化財』第36号、二〇二〇
・「出雲部にある有肩楕円形の古丁銀」『郷土石見』113号、石見郷土研究懇話会、二〇二〇
・「祭礼行事にみる神仏習合の風景―広島県・塩原の大山供養田植から－」『季刊文化財』第149号、二〇二〇
・「島根県下の二つの紺紙装飾経－歴博神護寺本と右田家妙法蓮華経－」『季刊文化財』第151号、二〇二〇　＊五－2

鳥谷《とや》 芳雄《よしお》

現在、島根県会計年度任用職員、農事組合法人ようか原理事。近作に「神門寺本『和漢朗詠集』『庭訓往来』の筆者朝英について－『大山寺縁起絵巻』等の了阿との関連で－」『島根史学会会報』第57号（島根史学会、2019.9）、「出雲部にある有肩楕円形の古丁銀」『郷土石見』第113号（石見郷土研究懇話会、2020.5）がある。第11回石見銀山文化賞受賞。

歴史の風景を読む
－島根の歴史と文化の一端に触れる－　松江文庫 12（新書判）

2021年2月8日　発行

著　　者　鳥谷 芳雄

発 行 者　原　伸雄

発 行 所　株式会社 報光社

印刷・製本　株式会社 報光社　出雲市平田町 993

http://www.hokosya.co.jp

ISBN 978-4-89323-032-4　Printed in Japan